LA

QUESTION MONÉTAIRE

LA
QUESTION MONÉTAIRE

PAR

C. ROSWAG

Ingénieur des Mines

PARIS

Ch. DUBUISSON, Éditeur
5, rue Coq-Héron.

LIBRAIRIE CENTRALE
des Arts & Manufactures
AUGUSTE LEMOINE
15, Quai Malaquais

1874

A M. J.-B. DUMAS

SECRÉTAIRE PERPÉTUEL DE L'ACADÉMIE

DES SCIENCES

PRÉSIDENT DE LA CONFÉRENCE MONÉTAIRE

PRÉFACE

La *Question monétaire*, qui vient de donner lieu à la réunion des représentants des quatre nations de l'*Union monétaire* (France, Italie, Belgique, Suisse), a été l'objet de discussions très-vives : les débats de la Société d'Économie politique, de l'Académie des sciences morales et politiques, de l'Assemblée nationale, de la Chambre des députés belge, ont envahi presque toute la presse de la France et de l'étranger : l'Angleterre seule, à l'exception du journal *The Economist,* est restée indifférente, et pour cause.

J'ai réuni en ce petit volume l'étude que j'ai faite de la question dans le journal l'*Opinion nationale*; je la fais précéder de la note du directeur du journal, M. G. Guéroult, qui l'a pour ainsi dire provoquée, et je la fais suivre des quatre articles sur la production et la consommation des *métaux précieux,* depuis 1857 jusqu'en 1871, que j'ai publiés dans le *Journal officiel* l'année dernière, et d'un article de l'*Economiste français* sur les travaux de la conférence. Cet ensemble complète le sujet et corrobore les conclusions de l'étude de la question monétaire actuelle.

Paris, le 15 Février 1874

C. R.

Composition de la Conférence

La Conférence monétaire instituée par les gouvernements de Belgique, de France, d'Italie et de Suisse, signataires de la convention du 23 décembre 1865, s'est réunie, le 8 de ce mois, au ministère des Affaires étrangères. Elle se compose des commissaires dont les noms suivent :

Pour la Belgique, MM. Jacobs, ancien ministre, membre de la Chambre des représentants de Belgique, et de Bounder de Melsbroeck, conseiller de la légation de Belgique à Paris ;

Pour la France, MM. Dumas, ancien ministre, secrétaire perpétuel de l'Académie des sciences ; de Parieu, ancien ministre, membre de l'Institut ; baron de Soubeyran, membre de l'Assemblée nationale, et Du-

1.

tilleul, directeur du mouvement général des fonds au ministère des finances;

Pour l'Italie, MM. Magliani, sénateur, conseiller à la cour des comptes, et Ressmann, premier secrétaire de la légation d'Italie à Paris;

Pour la Suisse, MM. Feer-Herzog, vice-président du Conseil national, et Lardy, conseiller de légation, chargé d'affaires par intérim de la Confédération suisse.

La Conférence s'est constituée en déférant la présidence de ses délibérations à M. Dumas, et la vice-présidence à M. de Parieu.

M. Clavery, rédacteur au ministère des affaires étrangères, a été nommé secrétaire de la commission, et M. le marquis de Laizer, ancien auditeur au Conseil d'Etat, secrétaire adjoint.

LA QUESTION MONÉTAIRE

Note de M. G. Guéroult, rédacteur en chef de l'Opinion nationale.

Nous avons exposé, il y a quelque temps, les circonstances particulières qui donnaient à la question monétaire un caractère d'urgente actualité. Nous trouvons dans le dernier numéro du *Journal des Économistes* le compte rendu d'un débat fort intéressant qui s'est engagé à ce sujet entre les principaux membres de la Société d'Economie politique.

La cause de la démonétisation de l'argent a été soutenue et attaquée avec chaleur des deux parts ; mais, il nous semble qu'il y a eu, dans tout le cours de la discussion un malentendu sur lequel nous voudrions nous étendre quelque peu ici.

Les partisans du système actuel (double étalon or et argent) ont prouvé, de la façon la plus saisissante, que le retrait de l'argent de la circulation monétaire entraînerait les perturbations les plus graves.

« La France et l'Italie, — dit M. Cernuschi,
» auraient le plus grand tort de faire la moin-
» dre pas vers l'adoption de l'étalon unique
» d'or. Toutes les deux subissent le cours forcé
» du papier, et elles ne doivent pas renoncer
» à l'espoir de reprendre les paiements en es-
» pèces. Cet espoir pourra se réaliser, surtout
» en France, grâce à la monnaie d'argent dont
» le Nord de l'Allemagne veut se défaire. On
» aura alors vis-à-vis de l'Allemagne la posi-
» tion inverse qu'on avait avant la guerre.
» Elle payait en argent, et la France en or
» principalement; elle paiera en or et la
» France en argent principalement. . . . . . .
» Où trouver, d'ailleurs, le métal or pour ali-
» menter, tout en éliminant l'argent, la cir-
» culation métallique de France et d'Italie ? »

Cet argument, sans cesse invoqué par les adversaires de l'étalon unique d'or, démontre fort bien les dangers de la démonétisation de

l'argent. Mais est-il bien nécessaire d'en venir
là, si l'on se décide à abroger la loi de germinal an XI?

MM. Alphonse Courtois et Ménier, adversaires du double étalon, semblent admettre la
co-existence des deux monnaies, au moins dans
une certaine mesure. Mais peut-être ne se
sont-ils pas expliqués sur ce point d'une façon
suffisamment claire.

Pour résumer en deux mots les termes de la
question, nous nous rappellerons que toute la
difficulté provient de ce que la loi *fixe* arbi-
trairement le rapport nécessairement *variable*
des valeurs de l'or et de l'argent. La loi dispose qu'à poids égal l'or vaut quinze fois et
demi l'argent, et elle confond, sous le nom
du *franc*, de ses multiples et de ses sous-mul-
tiples, des pièces d'or et des pièces d'argent.
Là, et là seulement, réside toute la difficulté,
à la fois théorique et pratique, à laquelle on
vient se heurter depuis si longtemps.

La solution rationnelle semble donc bien
simple. Au lieu d'appeler du même nom des
pièces de 5 francs, un disque d'argent pesant
25 grammes, et un disque d'or pesant 1 gr. 61,
donnez-leur des dénominations différentes.
Conservez, si vous voulez, le franc comme
monnaie de compte, en convenant que les

sommes dues seront payées, *au cours du jour*, en monnaie d'or ou en monnaie d'argent. Imaginons, pour simplier les idées, qu'on laisse le nom de *francs* aux pièces d'or, et qu'on donne celui d'*écus* aux pièces actuelles de 5 fr. en argent. Le débiteur se libérera, à son choix, en francs ou en écus, de même qu'il peut aujourd'hui payer en guinées ou en francs, mais *au cours du jour*.

Quant à ce cours du jour, il sera donné par une sorte de cote officielle établie par les soins de l'autorité publique. De même que l'Etat garantit aujourd'hui, par une empreinte spéciale, l'exactitude du poids et du titre de la monnaie, de même il peut, sans sortir de son rôle, grâce aux nombreux renseignements dont il dispose, faire connaître les valeurs respectives des deux métaux employés.

Nous ne voyons pas, pour le moment, les objections théoriques qui pourraient être opposées à ce système. Les deux monnaies sont conservées ; on n'assigne point la limite à la *frappe* des pièces d'argent ou d'or ; et, par un simple changement de dénomination, l'on évite les inconvénients si justement reprochés à l'emploi du double étalon monétaire.

Examinons maintenant quelques-unes des conséquences pratiques et actuelles de cette manière de procéder.

Dès à présent, l'Allemagne a résolu la démonétisation de l'argent. Par le seul fait que ce métal aurait encore, chez nous, une valeur monétaire, tout le stock allemand viendrait en France et dans les pays de « l'union latine. » Cette « invasion » n'a en somme rien de bien redoutable, puisque, suivant la remarque fort juste d'un des orateurs de la Société d'économie politique, l'Italie et la France ont le cours forcé des billets, ce qui implique chez elles une pénurie de métal.

En deux ou trois étapes, l'argent arrive à la Banque, qui peut, dès lors, reprendre ses paiements en espèces. Mais l'or est-il chassé de chez nous ? En aucune façon ; il y a valeur monétaire et force libératoire ; il continue même à faire prime sur l'argent, et d'autant mieux que le commerce français en a besoin pour faire ses achats en Angleterre ou en Allemagne, et que le commerce anglais et allemand en introduit sans cesse par ses opérations d'échange.

En outre, les pays d'union latine, les pays, non pas du double étalon, mais des deux monnaies, deviennent le grand réservoir de l'argent. Si l'Orient reprend goût à cette monnaie ; si, comme on le dit, sous l'influence de considérations analogues, les Etats-Unis, l'Amérique du Sud, s'en tiennent à la monnaie d'argent, c'est chez nous, c'est en Italie que l'Europe viendra s'approvisionner.

Si nous ne faisons erreur, la mesure que nous proposons aurait pour effet de retourner contre l'Allemagne les dangers dont nous menace la démonétisation de l'argent, et d'exercer à notre profit, sur la masse métallique de ce pays, une sorte d'action aspirante.

Nous prenons la liberté de soumettre les considérations qui précèdent aux hommes compétents, et nous accueillerons avec reconnaissance les critiques et les observations auxquelles elles pourraient donner lieu.

I

Monsieur,

Dans votre article du 20 décembre, vous avez touché et bien touché un des points de la question monétaire, qui agite en ce moment les esprits les plus sérieux. La discussion dans le sein de la Société des Économistes a indiqué le danger, et celle de la Chambre de Versailles (24 décembre) a dissipé les craintes que faisait naître une soudaine démonétisation de l'argent. MM. Magne, Wolowski, de Soubeyran, André et Clapier ont traité le gros de la question, c'est-à-dire ont délimité le cercle dans lequel s'agiteront les représentants des quatre États constituant l'*Union latine*, convoquée en conférence extraordinaire, à Paris le 8 janvier prochain.

Mais si les limites strictes de la compétence

des représentants sont bien définies, la question soulevée est loin d'être résolue. La solution définitive, conforme à la vérité, sauvegardant les principes et les intérêts, nécessaire à toute organisation monétaire parfaite, quelle est-elle ?

Faut-il, comme certains hommes pratiques le désirent, et comme semble le pronostiquer et l'espérer l'*Economist* anglais (dans son article du 20 décembre), renoncer pour les pays de l'Union latine à l'étalon unique d'or pour toujours ? — Faut-il, alors, créer l'étalon unique d'argent ? — Faut-il, tout en conservant les deux étalons, que l'Etat supprime le rapport légal de 15 1/2 à 1, entre l'or et l'argent, rapport fixé par la loi de germinal an XI, et qui règle notre constitution monétaire ? — Faut-il que l'Etat raye le mot *franc* du dictionnaire, ainsi que le demandait M. Frère-Orban, dans la discussion de la Chambre belge, et ne plus parler que de grammes d'or et de grammes d'argent ? Dans le système de l'ex-ministre des finances belge, le public discuterait, dans chaque transaction et avec la plus grande liberté, le prix et la nature du métal à recevoir.

Le ministre actuel des finances belges, M. Malou, qualifie cette liberté d'un retour à l'état sauvage et d'une déplorable imitation des

Chinois, qui portent, — on le sait, — dans leurs
poches des balances pour peser les métaux monétaires. A cela, M. Frère-Orban répond que
les Chinois ont plus de bon que le profane
vulgaire ne pense !

Faut-il se contenter, comme vous le proposez, de réserver à la pièce de 5 fr. en or le
nom de *pièce de 5 fr.*, et de donner celu
d'*écu* à la pièce d'argent, et que l'État tarife
officiellement les valeurs des deux pièces, à
chaque variation notable du rapport des poids
pour un même prix (aujour l'hui fixé à $\frac{15.5}{1}$.)

La Banque de France, le Trésor, fixent de la
sorte l'escompte et les intérêts de leurs billets,
chaque fois que leurs encaisses métalliques,
régulateurs de l'escompte et de l'intérêt, varient d'une façon sensible.

Vous faites appel, monsieur, aux critiques
et aux lumières de toutes les personnes ayant
une compétence quelconque dans ces questions. Je n'ai pas voulu me hâter d'écrire : j'ai
voulu d'abord connaître l'opinion de la presse
du jour : presse française et presse étrangère.
Dans les feuilles françaises, d'excellentes choses ont été dites. Votre article, ainsi que je
l'ai déjà indiqué, touche très-juste une des
questions soulevées, et la solution que vous
proposez est assez voisine de la vérité pratique pour quelques-uns. M. Wolowski a pu-

blié, dans le *Journal des Économistes*, une étude remarquable des inconvénients de la démonétisation de l'argent. Le *Temps* vient de publier également quelques réflexions fort judicieuses de M. Lavertujon. Les journaux belges, comme nos économistes, se sont divisés en deux camps. Les journaux suisses et allemands ont nettement suivi le mouvement de l'Allemagne et demandé l'étalon d'or, qu'elle vient d'installer et qu'elle est en train de généraliser. L'Italie, luttant toujours avec ses embarras financiers, et soumise pour longtemps encore au régime du cours forcé du billet de banque, a dû, à son corps défendant, se désintéresser de la question (1).

(1) *Écrits français.*—La Question monétaire depuis la discussion au Parlement belge. par M. de Parieu, dans la *Revue de France*, octobre 1873. — La Question monétaire dans la *Revue des Deux-Mondes*, 15 novembre, par M. V. Bonnet. — *Journal des économistes. — Journal officiel* (Assemblée nationale).

Écrits suisses et allemands. — *Journal de Genève*, 21 novembre jusqu'au 3 décembre.—Observations sur l'état monétaire de la Suisse en décembre 1872, par le professeur Dr. Bohmert. — Rapport sur la question monétaire par la commission suisse de l'Union commerciale et financière, du même. — Or ou argent, question du jour, par

En somme, il faut bien reconnaître que ce problème du double étalon monétaire est soulevé tout d'un coup, avec une certaine véhémence — peu ordinaire — et qu'il est devenu bien obscur et bien nuageux, à en juger par les polémiques et les doctrines renfermées dans les nombreux écrits éclos pendant l'orage.

Et pourquoi ces nuages et cette obscurité ?

M. Feer-Herzog. — Requête de l'Union commerciale et financière suisse au Conseil fédéral en octobre 1873. — *Gazette d'Augsbourg*, nᵒ 337 et suivants. — La Question monétaire dans le *Schweizerische Grenzpost*, 8, 10, 11, 20 et 21 novembre. — Article du 15 novembre dans *Hamburger Borsenhalle*.

Ecrits belges. — Articles du *Précurseur d'Anvers* et de l'*Indépendance belge* du 27 août. — Quatre articles de l'*Echo du Parlement belge*, des 17, 19, 21 et 28 octobre, en réponse à M. de Laveleye, l'illustre économiste belge, partisan de l'étalon double. — Articles de M. de Laveleye dans l'*Indépendance belge* des 13, 25 et 27 octobre et 11 novembre. — Documents relatifs à la question monétaire, Bruxelles, 1873 (publication de M. Malou.) — *Moniteur belge*, discussion de la Chambre des représentants, séances des 21, 22, 23, 24, 25 et 26 novembre: discussion sur l'interdiction temporaire du monnayage d'argent.

Ecrits anglais. — *The Monetary allics and the Single gold Standard.* — Lettres dans *the Economist* des 12 et 15 novembre et 20 décembre 1873, etc.

D'abord, parce que la politique est mêlée à forte dose à la question; *ensuite*, parce que l'esprit d'école doctrinaire s'y mêle à une non moins forte dose. Le problème est-il cependant aussi compliqué qu'il le paraît ? Ne peut-on pas le dégager de ces deux éléments exagérés, en ne leur laissant que leur juste part d'action ?

Je vous demande, monsieur, la permission d'essayer de faire la clarté. C'est sans doute pécher par présomption ; mais, peut être, comme moi, ceux de vos lecteurs qui s'intéressent à ce genre d'étude, trouveront-ils que l'examen froid et impartial des faits économiques et la simple expérience du passé doivent permettre d'assigner à la question monétaire une solution définitive. C'est cette solution qu'il faut trouver, sans parti pris.

Résumons donc d'abord l'état de la question et dégageons bien les deux éléments, — politique et d'école — qui la compliquent : ce sera la moitié de la besogne faite.

II

M. de Parieu, l'ardent champion de l'étalon d'or, à plusieurs reprises, a appelé l'attention du gouvernement de M. Thiers sur la gravité de la situation monétaire française. Il est revenu à la charge auprès du gouvernement du 24 mai. M. de Broglie s'est ému et a adressé à M. Magne, le 30 juin dernier, une lettre qui n'a point paru agiter notablement l'habile ministre. Mais l'émotion avait depuis longtemps envahi la Belgique : M. Frère-Orban a rompu, en plein Parlement, des lances en l'honneur de l'étalon d'or unique, appuyé par M. Lehardy de Beaulieu. Le ministre des finances belge, M. Malou, est demeuré, lui aussi, assez froid et très-calme. En Suisse, l'orage éclate à son tour, se déclare ouvertement : il provoque la conférence du 8 janvier prochain, que la Belgique n'avait pas osé proposer. Il n'y a rien de terrible comme les petits !

Mais, pendant que l'orage, né en Belgique, traverse la Suisse, côtoie l'Italie et vient sévir — notez-le bien — *avec d'autant plus d'in-*

tensité que les régions sont moins latines,
que se passe-t il autre part ?

J'ai eu la curiosité d'ouvrir les journaux allemands et ceux de la Suisse allemande. J'ai lu quelques rapports émanés d'ambassades étrangères auprès des gouvernements de l'Allemagne. J'ai examiné de près de nombreuses brochures, ainsi que certains journaux étrangers connus pour n'avoir eu jusqu'à ce jour que des applaudissements pour les habiletés du grand chancelier allemand, M. de Bismarck. J'ai constaté partout — non sans sourire — un concert unanime, un hurrah intense en faveur des gloires et des vertus de l'étalon unique d'or ! J'ai reconnu qu'on se plaignait amèrement des *œuvres françaises*, c'est-à-dire du traité monétaire de 1865, signé à Paris. J'ai trouvé des invectives et des imprécations contre « les hommes d'Etat aveugles de la France, — et contre la haute finance française et l'agiotage français (1). »

Le tout est assaisonné de prophéties lugubres, annonçant la ruine totale de la situation financière de la France et de ses alliés monétaires, si l'on ne fait au plus tôt amende

------

(1) *Gazette d'Augsbourg*, numéros 337 et 310.

honorable de l'hérésie économique, c'est-à-
dire si l'on ne rentre pas sur le champ dans le
giron pacifique et plein de sécurité des nations
à étalon unique d'or !

J'avoue que les pleurs versés par messieurs
nos ennemis sur nos infortunes m'ont mis sur
mes gardes : évidemment, il doit y avoir là-
dessous quelque malice, quelque serpent vert
caché sous les feuilles vertes !

N'est-il pas singulier, en effet, que l'orage
se soit dessiné précisément à l'époque du paiement du dernier milliard de l'indemnité — à
la suite de la crise métallique de Londres et
des crises financières récentes de Vienne,
New-York, et de ce même Berlin, qui cependant
dant venait d'encaisser une grande partie de
notre or pour le refondre en marcs impériaux,
système monétaire nouveau modèle, tout
battant neufs ?

Pour édifier le lecteur, il n'est besoin que du
passage suivant, que je coupe dans un journal
rédigé en français, généralement assez innocent, et reçu aujourd'hui même : le *Journal
de Saint-Pétersbourg.* Voici comment on y
raconte les événements récents. L'exposition
naïve et simple qu'on va lire aura le double
mérite de tenir le lecteur au courant de l'opinion russe, — sorte de résultante entre l'opinion slave et l'opinion allemande, — d'indi-

quer assez correctement les circonstances de la lutte monétaire engagée et de révéler le profond malaise que, sans nous en douter, nous infligeons à la Belgique et à la Suisse, attelées pour leur malheur à notre char monétaire. Le même article indique que la galerie est au grand complet... pour juger les coups de la conférence.

« La question monétaire occupe à l'heure qu'il est un grand nombre de pays. Ceux de « l'Union latine » s'y trouvent particulièrement intéressés par suite de circonstances connues et sur lesquelles il suffira de revenir en peu de mots. On sait qu'en 1865, la France, l'Italie, la Belgique et la Suisse ont conclu une convention d'unité monétaire admettant le double étalon (or et argent), et stipulant en outre que la monnaie d'argent pourra être frappée à un titre inférieur à la valeur nominale, mais que cette émission ne devra pas dépasser cinq francs par tête d'habitant.

» L'Allemagne et plusieurs petits États du Nord, ayant dans ces derniers temps remplacé l'étalon d'argent par l'étalon d'or, il en est résulté une dépréciation de la première de ces monnaies, qui a afflué avec d'autant plus d'impétuosité dans les deux plus petits pays de l'Union de 1865 : la Belgique et la Suisse, que les deux autres États : La France et l'Italie, se trouvent sous le régime du cours forcé des billets de banque et n'ont dès lors qu'une circulation monétaire nominale ou insignifiante.

» A Bruxelles comme à Berne, on a cru devoir s'inquiéter de cette influence, dont le résultat est de faire sortir l'or de ces pays pour le remplacer par l'autre métal, déprécié à cette heure, et l'on a demandé une révision du traité de 1865, dans le but d'obtenir soit la démonétisation de l'argent pour décréter l'or seule monnaie légale des quatre États, soit la dissolution de l'Union, si la France et l'Italie ne consentent pas à se convertir à la doctrine de l'étalon unique.

» Or, mettant de côté l'Italie, qui ne compte pas revenir de sitôt à une circulation monétaire et se trouve ainsi désintéressée de la question, il faut dire que nulle part le système du double étalon n'a conservé d'aussi chaleureux partisans qu'en France.

» Les débats fréquents qui ont eut lieu à ce sujet depuis une vingtaine d'années en font foi, et les opinions des hommes compétents n'ont pas varié, comme ont peut s'en convaincre à la lecture de la discussion qui a eu lieu il y a quelques jours à la Société d'économie politique de Paris et dont le *Journal des Economistes* rend compte dans sa dernière livraison.

» MM. de Parieu et Michel Chevalier sont aujourd'hui d'aussi chauds partisans de l'étalon unique qu'il y a dix ans ; mais MM. Wolowski, Cernuschi et d'autres leur tiennent la balance, avec une égale fermeté, pour le double étalon, et on a vu surgir une argumentation assez peu conforme aux principes économiques, à savoir : que, la France, ayant en ce moment une circulation de papier-monnaie à cours forcé, il lui importe de maintenir le principe du double étalon pour avoir le choix de racheter, un jour, son papier-monnaie avec celui des deux métaux qui coûtera alors le moins cher.

» On lira plus loin l'interpellation que M. de Soubeyran a formulée sur cette matière dans la séance du 20 de l'Assemblée nationale de Versailles, et le télégraphe nous apporte la réponse qu'y a faite hier M. Magne. Il semble résulter des explications du ministre des finances que la France compte proposer à la conférence monétaire, qui doit se réunir le mois prochain, le maintien du double étalon, et suggérer des moyens pour empêcher la dépréciation de l'argent. *C'est avec une grande et légitime curiosité que le monde économique et financier attend de connaître ces moyens et l'accueil que leur feront les deux pays qui souffrent actuellement de la dépréciation et ne voient de salut pour eux que dans l'abandon du double étalon.* »

Pour mieux caractériser encore la situation, je crois utile de consigner ici un autre petit

article, très - innocent également, d'origine
suisse, reproduit par l'*Indépendance belge* et
qui ne tend à rien moins qu'à représenter la
France comme ayant *triché* ses voisins sur le
poids des pièces, dans son frappage de 1870.

Voici l'article de l'*Indépendance belge*
d'hier :

« Les journaux suisses ont signalé, il y a
déjà quelques jours, les préoccupations du
conseil fédéral au sujet de monnaies françaises répandues sur le territoire de la Confédération. Ces pièces n'auraient pas le poids
minimum fixé par la convention internationale monétaire de 1865.

On écrit à ce propos de Berne au *Journal
de Genève :*

« Il circule en ce moment un nombre considérable de pièces de 5 francs en argent d'origine
française. Or, il a été constaté que beaucoup de
pièces, qui portent un millésime assez récent et
dont le titre est d'ailleurs irréprochable, sont
d'un poids notablement inférieur à celui que
prescrit la convention monétaire de 1865.
» En effet, d'après cette convention, la tolérance en poids, tant en plus qu'en moins, est
fixée, pour une pièce de 5 francs en argent, à 3
millièmes.
» Il suit de là que le poids minimum d'une
pièce de 5 francs neuve ne doit jamais être inférieur à 24 grammes 925, et, aussitôt que par le

frai, le poids de cette pièce est réduit de 1 p.
cent au-dessous de cette tolérance, la pièce.
doit disparaître de la circulation pour être refondue.

» Or, il est tellesdes pièces françaises en question, au millésime de 1870, qui ne pèsent que 22
gr. 382 soit 2 gr. 543 ou prés de 1/10 de moins
que le poids de tolérance.

» Comme rien ne donne à penser que ces pièces aient subi le rognage ou toute autre opération illicite, on se demande s'il n'y a pas eu erreur lors de la frappe, et si toutes les pièces
frappées à une certaine époque ne sont pas en-
tachées du même défaut. Le Conseil fédéral a
cru devoir demander des explications à ce sujet
au gouvernement français, en lui envoyant comme preuve une des pièces en question.

» Aux termes de la convention de 1865, le
gouvernement français est tenu de retirer ces
pièces de la circulation, et les Etats de l'Union
doivent les exclure de leurs caisses publiques.
Si l'on était certain que toutes les pièces sorties
d'une même frappe sont vicieuses, les exclu-
sions seraient facilitées; mais s'il n'en est rien
et si la fraude est la cause de cette insuffisance
de poids, les caisses publiques devront se livrer
à un triage sévère. »

La question politique est donc évidemment
envenimée, étrange et des plus sérieuses. C'est
une guerre sourde contre l'influence de
la France; il n'en faut pas douter ! La France
est encore trop forte pour ses ennemis conju-
rés !

III

Il s'agit de déterminer la cause, aussi étrange que subite, de la crise actuelle, provoquée par l'Allemagne et déterminée par la proposition de la Suisse.

Quand je dis que la crise est provoquée par l'Allemagne, ce n'est pas par plaisir de porter au compte de nos ennemis tous nos ennuis. Les faits, mis à la suite les uns des autres, suffisent amplement pour caractériser le phénomène que nous signalons, et dont l'évolution, — étant données l'origine et la force d'impulsion, — s'accomplit en ce moment avec la même rigueur qu'une bille de billard obéit à l'effet et à la direction primordiaux, pour engendrer des mouvements et des chocs ultérieurs.

En effet, par suite des hasards de la guerre, l'Allemagne s'est trouvée rapidement à la tête de plusieurs milliards d'or monnayé — tant français qu'étranger — situation qu'aucun peuple n'avait encore jusqu'à ce jour occupée.

Depuis longtemps, les pays d'outre-Rhin offraient d'ailleurs, dans leur système monétaire, le tohu-bohu le plus hétéroclite qu'on puisse imaginer : *kreutzer, silbergroschen, pfennings, batzen, florins* de plusieurs espèces, *thalers,* etc. ; tout ce système de monnaie divisionnaire, — où le cuivre entrait dans de larges et savantes proportions,— était à la fois accepté et rejeté dans une même région. La monnaie badoise, que vous échangiez à Kehl contre les pièces françaises, était refusée ou acceptée avec un change désagréable dans les hôtels et magasins de la Zeil de Francfort, et les mêmes mécomptes vous assaillaient, s'il vous arrivait de vous promener jusqu'à Bockenheim, ex faubourg hessois de la grande ex-ville libre.

Cet exemple suffit pour démontrer combien était urgente pour l'Allemagne une réforme complète et trop longtemps ajournée de ses types monétaires d'argent.

Rien de plus légitime donc, le jour de l'unification allemande, qu'une unification monétaire aussi nécessaire que désirée. Mais, en pratiquant cette réforme, le gouvernement allemand a voulu sauter à pieds joints beaucoup plus loin, et, je ne crains pas de le dire, beaucoup trop loin.

L'occasion était belle en effet, je le reconnais, pour des hommes d'Etat en veine de réussite, pour des économistes séduits par l'idée unitaire poussée jusqu'à ses dernières li-

mites, de décréter l'adoption de l'étalon unique d'or. Aussi le décret fut rendu et s'est-on
mis bravement à transformer en pièces de 20
et 10 marcs impériaux nos napoléons d'or.
De vrais unitaires, de vrais partisans de l'é-
talon unique eussent adopté comme type monétaire le type décimal français ou tout au
moins, — puisque le vent était anti-français,
— le type anglais. Il n'en a rien été ! L'Allemagne a voulu créer un type national, panger-
manique, et elle a fait jaillir de ses presses un
nouveau type monétaire à 900 millièmes de
fin et valant à peu de chose près 5 francs de
moins que la livre sterling anglaise : — le
Guillaume d'or. En 1872 on en a monnayé pour
une valeur de 775 millions de francs, et au 1er
novembre dernier, le monnayage allemand
s'élevait à 975,446,170 marcs d'or, valant
1,219,300,000 francs.

Cette mesure politico-financière, consistant
à refondre l'argent et à créer de l'or presque
exclusivement comme monnaie légale, a eu et
devait avoir pour conséquence immédiate,
d'une part, l'appel dans les hôtels monétaires
allemands du métal or, et, d'autre part,
puisqu'on ne conservait le métal argent qu'à
l'état de monnaie divisionnaire, la dépréciation et l'écoulement de l'excédant de ce métal. On décréta qu'on fabriquerait 10 marcs

d'argent par habitant et qu'on prélèverait un droit de seigneuriage (droit de monnayage) de 11,111 pour 100, alors que ce même droit n'est que de 9 pour 100 en Angleterre et de 7,784 pour 100, en France, pour la monnaie divisionnaire à 835 millièmes de fin seulement.

La valeur des deux métaux, or et argent, étant fonction, comme toutes les valeurs en général, d'une fraction ou rapport, dit *rapport de l'offre à la demande*, il est clair que la réforme allemande a eu pour effet de créer une divergence, un écart dans les taux relatifs des valeurs *des deux métaux à l'état de monnaie*, parce que l'offre devient nulle et la demande considérable pour l'or, tandis que pour l'argent, l'offre devient considérable et la demande très-amoindrie.

Remarquons en passant ce fait très essentiel, c'est que, par l'adjonction d'une forte proportion de cuivre à l'argent, c'est *à l'état monétaire qu'on ravale la valeur de l'argent* en Allemagne, et que le thaler argent, qui contenait auparavant un poids d'argent réel bien supérieur à celui du thaler nouveau, n'est nullement, en matière commerciale et au point de vue du marchand de métaux, identique à ce dernier, quoique par décision impériale, on déclare que ce soit une seule et même chose.

Ainsi l'argent monnayé a conservé le même nom, mais il n'a pas conservé la même valeur intrinsèque. Il nous semble que c'est faire une hypothèse bien gratuite que de supposer que, par le fait de la dépréciation de l'argent dans la monnaie divisionnaire nouvelle d'Allemagne, le métal lui-même, à l'état de lingot, soit forcé de suivre cette dépréciation. Peut-être convient-il, au contraire, de se demander si cet excès d'alliage ne serait pas par hasard un indice de la cherté relative de l'argent en lingot. Nous reviendrons sur cette idée.

Nous assistons donc à la production factice, par décret impérial, d'un phénomène de divergence et d'écart entre les valeurs des deux métaux monétaires.

Mais ce phénomène s'est compliqué bien davantage par une série de mesures politico-financières de même nature qui se sont produites dans d'autres pays.

L'Allemagne, devenue propriétaire, ainsi que je l'ai dit, par suite des hasards de la guerre, d'un énorme capital en or, ne pouvait que se féliciter de la hausse du métal qu'elle raréfiait en l'emmagasinant. Mais voici que, prenant goût aux idées nouvelles, le Danemark, la Suède et la Norwége constituent éga-

lement une union monétaire, l'*Union scandi-
nave*, et déclarent également adopter l'étalon
unique d'or. — Dans la convention signée à
Stockholm le 18 septembre 1872, les Etats
scandinaves choisissent pour type monétaire
une monnaie d'or à 900 millièmes de fin, appelée *couronne*, et d'une valeur de 13 fr. 75.
Ce n'est ni un sous-multiple de la livre sterling, ni de la pièce de 20 francs française, ni
du guillaume d or ; c'est une monnaie-type qui
renvoie aux calendes grecques l'idée d'une
monnaie unique pour l'Europe.

L'Allemagne dut applaudir à cette réforme
qui, tout en ne suivant pas exactement son
exemple, haussait sa prime sur l'or qu'elle al-
lait pouvoir fournir à ces trois pays : c'était
une belle affaire financière, et sur une assez
grosse échelle, qui se préparait.

Sur ces entrefaites, la Hollande prend peur ;
elle avait déjà eu une frayeur considérable en
1848 de la dépréciation excessive de l'or,
grâce aux prédictions de baisse de M. Michel
Chevalier.

Elle démonétisa alors sa monnaie d'or et
créa l'étalon unique d'argent.

J'engage les partisans de l'étalon unique d'argent à étudier l'histoire monétaire de la Hollande
depuis 1830; j'ose espérer que le résultat de
leurs observations sera de nature à les faire

renoncer à un métal unique, car cette histoire n'est autre que celle d'une série d'oscillations et de divergences de valeur se produisant sur le métal choisi comme étalon, et prenant avec la plus grande facilité, faute de contre-poids, le caractère de soubresauts violents.

Notons également, en passant, que la Hollande, malgré ses résolutions, n'a pas pu se dispenser de créer avec abondance la pièce d'or de 10 *guilders*, qui vaut un peu plus de 10 francs, et qui joue le rôle principal dans la circulation des Pays-Bas, avec la pièce de 2 1⁄2 *guilders* d'argent.

Le 30 octobre 1872, une ordonnance royale convoqua donc une commission qui, en 1873, fournit, entre autres conclusions, dans son rapport, celle qui suit :

« La circulation d'argent, dans les Pays-Bas, s'élève de 125 à 130 millions, sans compter une circulation d'argent importante aux colonies. Il y a lieu de craindre les effets d'une nouvelle augmentation du capital monétaire argent, par suite des monnayages considérables qui se font (remarquez bien cette phrase) « chaque fois que l'argent devient occasionnellement rare. » Ainsi, on constate tantôt la rareté occasionnelle de l'argent, tantôt on constate son abondance, qu'on qualifie d'exagérée, et l'on procède à la proclamation de l'étalon *unique* d'or ! « — parce que, dit le rapport, la valeur de l'argent sur le marché européen dépendra désormais entièrement de la volonté de l'empire d'Allemagne. »

Conséquences : hausse sur l'or, nouvelle baisse correspondante sur l'argent, le tout à la joie fort naturelle des détenteurs, c'est-à-dire du gouvernement allemand et de la Banque d'Angleterre.

Lorsque tout à coup les États-Unis, n'ayant pas assez d'or californien, viennent chercher de l'or australien à Londres et puiser aux sources où l'Allemagne croyait pouvoir compléter ses approvisionnements pour son monnayage, en y puisant à peu près toute seule.

Constatons, en passant, que les États-Unis n'ont pas encore décrété l'étalon d'or. Ils se complaisent cependant à le regarder comme tel, tout en monnayant des pièces d'*argent*, nouveau modèle, pour leur commerce avec l'Asie : le *trade dollar*. Plusieurs centaines de mille de ces *dollars d'argent* sont frappés à l'hôtel de Philadelphie, depuis le 16 juillet dernier et sont expédiées de San Francisco sur les côtes du Pacifique et en Chine.

L'intervention inattendue des États-Unis dans les extractions d'or de la Banque d'Angleterre provoqua une telle hausse de l'or, en même temps qu'une telle hausse des escomptes sur toutes les places commerciales, qu'une crise métallique éclata à Londres, et que New-York, Vienne et Berlin, surmenées par d'excessives spéculations et forcées de réaliser une grande masse de titres, ainsi qu'il sera dit ci-après, en ressentent le contre-coup, qui dure encore...

L'Allemagne dut alors, dans la crainte d'un bouleversement aussi intense et aussi général que celui qui s'annonçait, ralentir ses appels d'or anglais et frapper de la monnaie d'argent ; c'est fin octobre que cette dernière opération commence : le 1er novembre, il y eut 89,370 marcs de pièces de 20 pfennings monnayés. De plus, la loi monétaire, présentée au Reichstag allemand, y demeure encore à l'état de loi non votée en attendant sa dernière lecture (1). Le gouvernement allemand paraît s'être mis à réfléchir sérieusement.

Ainsi, les caractères du phénomène sont les suivants : grand intérêt de la part des détenteurs d'or à pousser à la démonétisation de l'argent, à la provoquer chez les autres ; car on maintient la hausse de l'or acquis, et on

____

(1) La loi vient d'être publiée ces jours-ci (14 février) dans le *Reichsauzeiger* de Berlin.

diminue, si possible, par une baisse sur l'argent, les moyens de réaction que peuvent présenter les pays privés d'or. Mais cette pression, exercée sur la masse monétaire des différents pays par l'Allemagne, — fort agréable aux Anglais, nés marchands, — accentuée par les résolutions des Etats scandinaves et de la Hollande, — rendue aisée par la disparition de l'or en France, en Belgique, en Suisse et en Italie, a touché malheureusement à sa limite extrème : la crise américaine. suivie d'une crise européenne, est le résultat de cette pression immodérée.

Exagérer le phénomène en envoyant des masses d'argent à monnayer à Bruxelles et en France ; faire arriver des pièces de 5 fr. italiennes à profusion par Lyon, afin de faire sensation; faire pousser des cris de détresse sur tous les tons à la Belgique et à la Suisse, tout cela est très habile et d'autant plus adroit, que toutes ces manœuvres, de fort bonne guerre financière, cachent une ingénieuse revanche prise de la défaite essuyée par M. de Bismarck dans le règlement de l'indemnité des 5 milliards français.

IV

En effet, il est hors de doute, qu'avec la coopération de MM Pouyer-Quertier, Léon Say et de fortes têtes financières (très-françaises et très patriotes), M. Thiers est un des auteurs de la crise financière qui s'est étendue à toutes les places commerciales, depuis New-York jusqu'à Vienne, et à laquelle la France a été heureusement et habilement soustraite.

M. Thiers a dû et su recueillir les signatures de Banques agréables à M. de Bismarck : il les a dû solder en partie en titres anglais, américains, prussiens, viennois, etc. Les traites des banquiers étaient payables en général en or ; elles produisaient, au surplus, aux signataires un bénéfice assez respectable pour que les financiers du syndicat agréé par M. de Bismarck fussent largement satisfaits.

De cette manière, M Thiers évitait un grand mouvement d'espèces, qu'il eût été d'ailleurs impossible de trouver. Le jour des échéances arrivé, il fallut réaliser tous ces titres reçus en paiement. Cette masse de valeurs qui devaient être converties en or — métal fortement en hausse — provoqua une baisse considérable de ces titres, une succion formidable d'or, des escomptes très-élevés dans toutes les banques

d'État et une crise financière, dans laquelle
a sombré la majeure partie des bénéfices rêvés
par quelques-uns des membres du syndicat.

M. de Bismarck, financier — et très-habile
financier, — a trouvé en face de lui M. Thiers,
financier et demi.

Nous assistons donc à une revanche véritable, revanche de très-bonne guerre, je le ré-
pète, politico-financière. Avouons qu'il serait
réellement naïf et antipatriotique de notre part
de prêter les mains au succès, soit en démonétisant notre argent, soit en consentant à défaire les remparts de défense élevés par le
traité de 1865. Ce traité crée une solidarité
entre les quatre pays latins, sur une grande
superficie commerciale, très-puissante et qui
saura se faire respecter, je l'espère.

Je n'ai point la prétention d'avoir dessiné
exactement la physionomie de l'évolution politique à laquelle nous assistons : mais il faut con-
fesser que le simple groupement des faits pré-
sentés fournit une explication plausible aux
événements récemment survenus.

Maintenant, donnons pour dégagé suffisamment l'élément politique de la question monétaire actuelle et tâchons de réduire à ses justes
proportions l'élément doctrinaire de l'école
scientifique qui professe la théorie de l'étalon
unique d'or.

V

De toutes les considérations présentées jusqu'à ce moment, résulte l'intérêt immédiat de
la France, au point de vue politique, de ne
point laisser entamer sa vigoureuse organisation monétaire, qui depuis longtemps a favori-
sé son essor commercial et constitue pour elle
une véritable force économique.

La conférence monétaire, réunie depuis hier
au ministère des affaires étrangères, sous la
présidence de M. Dumas, a son rôle tout
tracé ; nous prédisons d'avance qu'elle main-
tiendra le *statu quo*, et ce sera sagesse. Nous
comptons fermement qu'on ne fera pas les affaires des détenteurs d'or, qui sont, d'une part,
l'Allemagne, temporairement, et, d'autre part,
l'Angleterre, la Russie et les Etats-Unis, producteurs permanents d'or.

S'il est un caractère intrinsèque et généri-
que que doive posséder la matière monétaire,
c'est sans contredit celui de ne pas être *monopolisable*. J'ai insisté sur cette condition fon-
damentale que doit remplir la monnaie, dans
mon livre : les *Métaux précieux* (1), condition

---

(1) Chapitre de la Monnaie, livre II.

que M. Michel Chevalier avait oublié de signaler dans son excellent livre, la *Monnaie*.

En dehors des trois derniers pays nommés, auxquels il conviendrait d'ajouter peut-être le Brésil, toutes les autres nations engagées dans le trafic international ne sont point productrices d'or : elles n'ont de moyen d'en avoir que par *voie d'échange* dans leurs transactions commerciales.

La production de la France en argent est insignifiante : les quantités d'argent fin produites par an n'atteignent pas 50,000 kil., soit 11 millions de francs et celle de l'or s'élevait à 800 kilog., soit 2 1/2 millions de francs, lorsque nous possédions encore le Rhin.

L'Allemagne elle-même, en démonétisant le métal argent, paraît agir en sens contraire de ses intérêts ; car elle augmente à cœur-joie la force monopolisatrice des nations productrices d'or, et elle paraît renoncer, bien follement, à la valeur considérable de la production en argent de ses nombreuses mines (Hartz, Saxe, etc.). Mais on reconnaît bien vite que cette crainte doit être vaine, lorsqu'on réfléchit que les Allemands, si idéalistes, sont au fond des gens très positifs et d'excellents banquiers. Ne savent-ils pas parfaitement que la dépréciation de l'argent, qu'on fait sonner si haut, n'est qu'un épouvantail, auquel se laisseront prendre les étourneaux, c'est-à-dire les esprits superficiels ? Ne savent-ils pas que non-seulement ils n'altèreront point sensiblement la valeur de l'argent, mais qu'ils bénéficieront sur l'or qu'ils détiennent ? C'est encore une fois la hausse de l'or que l'on cherche, et il n'y a pas à craindre autre chose.

Ce qui complique le phénomène , c'est que cette hausse de l'or est aidée et encouragée avec intensité au dehors, plus timidement en France, par l'école économique qui patronne l'étalon unique d'or.

Je ne crains pas de le dire : cette école poursuit un rêve, une folle chimère. Non point parce qu'on fait de cette sorte les affaires d'une ou deux nations monopolisatrices, mais parce que ce progrès, si désiré, d'un étalon unique, qu'on considère si conforme aux grandes lois économiques, est de longtemps irréalisable et nullement exigé, comme on se complaît à le croire, par les principes de la science.

Je sais bien qu'une pareille thèse est hétérodoxe et qu'elle fera jeter les hauts cris à presque toute l'Académie des sciences morales et politiques, à l'exclusion de M. Wolowski : car l'idée *éminemment anglo-saxonne* de l'étalon unique d'or y est largement en odeur de sainteté.

3.

Les Anglais, nés marchands, excellent à répandre les idées qui ont pour résultat un produit net, et ils sont fort habiles à les mettre en circulation sous les plus belles formes.

Lorsqu'ils eurent le besoin d'une masse considérable d'argent en lingot pour faire face à leur colossal trafic avec les Orientaux, — ces bons Orientaux qui préféraient et préfèrent encore ce genre de métal à tout autre, — ils imaginèrent de le déclasser chez eux, en le réduisant à l'état divisionnaire, afin de le rendre disponible pour les Indes. En même temps ils ont paré cette mesure de belles bandelettes, en faisant déclarer par les grands prêtres de l'économie politique d'outre-Manche, que ce sacrifice était offert en holocauste aux grands principes de la science : l'unité monétaire, l'unité d'étalon !

Mais ces mêmes Anglais — qui ont préconisé cette doctrine et l'ont installée chez eux — ont été intraitables jusqu'à ce jour, quand on leur a demandé de faire un pas vers le système monétaire décimal français, ou vers un système universel quelconque, et n'ont pas hésité une seule minute, malgré les grands principes, à transporter l'étalon d'argent dans leurs possessions d'Orient.

On est exclusif partisan de l'étalon unique d'or sur les bords de la Tamise ; mais on est partisan de l'étalon d'argent (avec tolérance pour l'or) sur les bords du Gange.

10 milliards exportés, dont 4 milliards 1/2 environ d'argent envoyés en Orient, depuis 1851 jusqu'en 1870 : voilà la vraie cause qui a fait démonétiser l'argent en Angleterre! (1) La poudre d'or des Ashantees,

---

(1) Le document hambourgeois intitulé : *Hamburger Bankvalute Actenstucke and Nachweise*, cité par M. Feer-Herzog, présente les résultats suivants :

Exportation annuelle d'argent pour l'Orient

Années	Millions de thalers.
1851	»
1852	18
1853	37
1854	31
1855	53
1856	94
1857	134
1858	38
1859	109
1860	72
1861	59
1862	97
1863	101
1864	112
1865	65
1866	47
1867	14
1868	21
1869	41
1870	15
Total	1.175

voilà la vraie cause de la guerre actuelle de la côte d'Or! affaire,affaire et toujours affaire !

Sur quoi repose donc cette théorie sacramentelle de l'économie politique, appelée la théorie de l'étalon d'or, en dehors de laquelle tout est hérésie ?

Le caractère idéal qu'on recherche dans la matière monétaire — sur ce point tout le monde est d'accord — est la fixité. Il faut, pour qu'une matière soit monétaire et serve par conséquent d'unité ou d'étalon, de mesure à toutes les autres valeurs, qu'elle soit elle-même une marchandise de valeur absolument *fixe.*

Rien que l'énoncé de cette condition prouve que cette matière n'existe pas; qu'elle est introuvable ; car, qui dit marchandise, qui dit valeur, dit nécessairement quelque chose d'éminemment variable.

N'est il donc pas paradoxal,chimérique, contradictoire, de vouloir inventer ce quelque chose qui soit à la fois absolument fixe, tout en demeurant forcément variable?

L'étalon monétaire est donc un fétiche économique, un rêve, si cet étalon doit être représenté par une *marchandise.*

Aussi, quand on a choisi l'or ou l'argent pour matérialiser cet étalon idéal, a-t-on reconnu que l'un et l'autre remplissent ce rôle imparfaitement et qu'on les a choisis faute de mieux, parce que les autres conditions monétaires sont assez bien satisfaites. Je sais bien qu'on allègue en faveur de l'or contre l'argent une plus grande résistance aux agents chimiques et une plus grande facilité ou capacité de payement pour libérer les grandes sommes. On pourrait opposer, peut-être, d'autres avantages de l'argent qui, à son tour, est beaucoup plus approprié aux besoins ordinaires de la vie d'échange. Mais laissons de côté cette question des avantages et inconvénients réciproques des deux métaux, destinés à vivre côte à côte et non en antagonisme, pour ne considérer que la question des principes immuables de la science, d'après lesquels il faut rigoureusement une matière monétaire, servant d'unité, d'une fixité absolue.

Les deux métaux monétaires choisis ne remplissent pas cette condition; ni l'or, ni l'argent ! Cela est démontré d'une façon irréfragable par la hausse actuelle de l'or, qu'on cherche à produire en antagonisme avec une baisse de même ordre sur l'argent, phénomène qui fait précisément l'objet et l'opportunité de cette discussion.

Supposez un instant que, le shah de Perse, après son dernier voyage en Occident, épris de la merveilleuse simplification apportée dans

les transactions par le système métrique français, ait décrété, à son retour dans ses Etats,
d'abord l'abolition de toutes les mesures de
longueur existantes, et puis l'usage absolu du
mètre, avec défense expresse de se servir de
toute autre matière que le platine pour fabriquer le mètre. Ni bois, ni laiton, ni fer, ni or,
ni argent ne pouvant être employés comme
matière première constitutive de l'unité de longueur, — que penseriez-vous d'une pareille organisation économique ?

Cette mesure serait certainement fort agréable à la Russie et aux Républiques de l'Amérique centrale, seules productrices du platine;
elle donnerait de la besogne pour maintes années à M. St-Claire Deville, occupé en ce moment
à fabriquer des étalons types du mètre pour les
différentes puissances qui ont adopté le système métrique. Mais la masse des marchands de
Téhéran et des autres régions persanes se tor-
tureraient vainement la cervelle pour trouver la
cause pour laquelle le mètre doive plutôt se fabriquer en platine dans les usages ordinaires
qu'en toute autre substance. Ils seraient fort
étonnés d'apprendre que le shah ayant ouï-
dire et démontrer que l'étalon du mètre
doit être en platine, parce que le platine est
le seul métal d'une fixité convenable, il en
résulte forcément cette conséquence pratique

que toutes les autres substances doivent être proscrites.

Les partisans de l'étalon d'or font un raisonnement de ce genre. L'or, disent-ils, est la matière monétaire par excellence ; donc, les autres doivent être proscrites. Si la quantité d'or produite n'était pas une quantité minime, en comparaison des besoins monétaires de tous les pays, et surtout si elle n'était point *monopolisable* par certains pays producteurs, l'or serait certainement acceptable comme monnaie exclusive,

Au lieu de cette abondance suffisante d'or requise pour que l'étalon unique s'étende à tous les pays, que voyons-nous ? L'or monétaire a disparu chez nous ; il est remplacé par une masse de billets de banque ayant cours forcé. Il a disparu en Belgique; de même en Suisse, où il n'a jamais existé bien abondamment (ni été monnayé, soit dit en passant). L'Italie est au régime du cours forcé. Bien plus, deux des principaux pays producteurs d'or, la Russie et les Etats-Unis, sont eux-mêmes également au régime du cours forcé. Je ne parle pas des autres pays.

Un seul trait suffira, je crois, pour peindre d'une manière nette l'état actuel des nécessités numéraires éprouvées par l'Europe; la somme totale des dettes publiques des nations, européennes seulement, s'élevait, au 30 novembre dernier, à 60,524 millions de francs ! (1)

L'or disponible quel est-il ? Il ne s'élève pas à 13 milliards de francs ! (2)

Ainsi : 1° impossibilité de se procurer une matière monétaire d'une fixité absolue ; 2° parité d'avantages et d'inconvénients entre l'or et l'argent pour représenter le mieux possible cette matière introuvable; 3° *desideratum* chimérique de la part des économistes de vouloir

----

(1) Dettes publiques au 30 novembre 1873 en livres sterling :

Autriche,	199.420.132
Belgique,	25.830.000
Angleterre,	739.244.104(sans la dette doma-
Danemark,	3.368.400 niale).
Principautés	
danubiennes	2.448.932
Hollande,	79.801 237
Egypte,	59.588 286
France,	801.945.160
Grèce,	4.749.900
Hongrie,	8.318.900
Itaie,	38 250.800
Russie,	122.398.520
Espagne,	157.872.716
Portugal,	64.833.000
Suède,	2.011 100
Turquie,	100.890 200
Total,	2.420.971.337 = 60.524.284.675 f.

(2) Voir pages 43, 84 et 106.

faire jouer à l'or le rôle de cette matière monétaire absolument fixe ; 4° insuffisance de l'or, en tant que production, pour constituer la masse unique monétaire des différentes nations ; 5° inconvénients considérables d'une valeur monétaire monopolisable, si elle était choisie pour étalon unique...

Voilà en peu de mots la vérité sur cette question, et c'est sur cet échafaudage que s'étaie la doctrine de l'étalon d'or unique. On ne peut vraiment que regretter que l'Académie des sciences morales et politiques ait dans son sein un si grand nombre de personnes adoptant, en matière monétaire, cette théorie *essentiellement* anglaise et sans base logique.

VI

Que reste-t-il donc maintenant de la question actuelle, étant donné que la démonétisation de l'argent est,—qu'on nous passe le mot, — un *truc* politique financier, ne repose absolument que sur des théories nées en Angleterre et qui n'ont trouvé que trop d'adeptes en France ? Que reste-t-il, en un mot, l'élément politique et l'élément doctrinaire étant dégagés ?

Il reste cette unique difficulté, qui procède de ce que la matière monétaire or et argent ne remplit pas la condition de fixité qu'un étalon devrait remplir. Il reste, d'une part, un étalon *idéal*—désigné sous le mot *franc* en France, *livre sterling* en Angleterre, *marc* en Allemagne, *dollar* en Amérique, etc., —et qui remplit admirablement son rôle, dans chacun de ces pays et *dans les limites strictes de ces pays*.

Cet étalon idéal, à l'état de franc, livre sterling, etc., matérialisé en papier, argent, or, cuivre, nickel, remplit admirablement son rôle, tant que le stock monétaire n'est pas troublé par une variation de valeur dans les instruments servant de matière monétaire, que ces instruments soient en papier ou en n'importe quel métal.

Il reste, d'autre part, une crise du stock monétaire latin, provoquée par les mesures politico-financières que j'ai indiquées et qui tendent à exagérer en hausse la valeur de l'or et en baisse la valeur de l'argent.

Dans le prochain paragraphe, nous examinerons si cette oscillation de la valeur des deux métaux monétaires, or et argent, est un phénomène définitif ou une simple rupture temporaire d'équilibre.

Dans le premier cas, il y aurait lieu de rechercher les remèdes qui sauvegarderaient notre organisation monétaire le plus possible, en bannissant une bonne fois pour toutes, cette idée : que l'or doit rester métal unique. Dans le second cas, il n'y aurait rien à modifier à notre organisation, et il faudrait se contenter de mesures purement temporaires si toutefois elles sont reconnues indispensablement nécessaires.

VII

Nous voici au cœur de la question, qui se pose maintenant de la façon suivante :

« Est-il vrai que l'or et l'argent aient varié » de valeur, de manière à rendre indispensa- » ble un changement dans notre système mo- » nétaire actuel ? »

M. Feer Herzog, le membre suisse de la conférence monétaire actuelle, s'appuyant sur les données d'un écrivain allemand, M. Soetbeer, affirme que « depuis l'époque moderne » du commerce universel, il est impossible de » méconnaître l'augmentation constante de la » valeur du métal or, simultanément avec la » baisse de valeur du métal argent (1). »

---

(1) Voici les rapports, d'après M. Soetber, entre la valeur de l'or et de l'argent en Allemagne :

Années	Proportion	Années	Proportion
1500	10.50	1840	15.75
1600	11.60	1860	15.23
1650	13.00	1866	15 41
1700	14.90	1867	15.56
1750	14.93	1868	15.60
1800	15.42	1873	16 00
1830	15.80		

Voir, page 334 et suivantes et planche XVI de mon livre *les Métaux précieux*, les rapports depuis 1774 jusqu'en 1862, et, pour les périodes antérieures, page 280 et suivantes).

D'après M. Foville, auteur d'un mémoire couronné récemment par l'Académie des sciences morales et politiques, laquelle par conséquent semble accepter et en tout cas patronner les idées de l'auteur, la dépréciation des métaux précieux s'élève à 25 0/0, depuis le commencement du siècle! (1)

Je ne puis opposer à ces assertions, qui me paraissent radicalement erronées, qu'une étude que j'ai faite dans mon livre : *les Métaux précieux*, sur ces variations, pour la période de 1500 à 1862 (Livre III, chapitres III et IV).

Une nouvelle étude, sous presse, de la période 1857 à 1871, fournit les mêmes résultats, savoir : *La baisse des métaux précieux n'atteint pas 4 0|0*, et ces résultats, dont les développements seraient trop longs, sont fournis par un examen comparatif et consciencieux des marchés de France, d'Angleterre, et de Hambourg.

J'ai la satisfaction de voir confirmer ces chiffres par M. David, ancien secrétaire du département fédéral du commerce, qui, dans son article du 3 janvier du *Journal de Genève*, fixe également à 3 1|2 0|0 la dépréciation des

---

(1) *Journal officiel* du 3 décembre 1873. Académie des sciences morales et politiques; Séance du 29 novembre 1873.

métaux précieux de 1700 à 1868 et à 3 0|0, celle de 1868 à 1873.

J'ai pour moi la certitude mathématique qui résulte de tracés qu'on trouvera, pour la première période, indiquée page 334 et suivantes du livre cité, et que personne ne peut récuser (1).

Dans l'impossibilité de consigner ici des travaux de ce genre, je vais essayer d'en confirmer les conclusions par quelques simples raisonnements, qui conduisent à admettre qu'il n'y a eu que d'insignifiantes variations dans les métaux précieux, au point de vue de leur valeur.

Demandons-nous d'abord si le franc, la livre sterling, le dollar, ont été tellement abondants, à l'état d'or ou d'argent, que l'énorme demande que tout le monde en fait sur la surface du globe puisse être considérée comme même approximativement satisfaite?

En un mot, la masse des gens qui demandent de l'or et de l'argent n'est-elle pas toujours

---

(1) D'après l'*Economist* : valeur *minima* de l'argent (en 1845), 58 pence 2/16; valeur *maxima* (en s865), 62 pence 7/16. Valeur moyenne (en 1873), 19 9/16. (Documents. Malou confirmatifs et dont j'ai connaissance pendant que cette brochure est sous presse.)

une quantité infiniment grande vis-à-vis de la masse monétaire disponible? Et la hausse de toutes les marchandises, phénomène évident et que l'on invoque souvent comme servant de mesure jusqu'à un certain point á la déprécia-tion de l'or et de l'argent, — n'est-elle pas une preuve flagrante d'une plus grande difficulté à atteindre, par l'échange de marchandises ordi-naires, cette même pièce d'or, cette même pièce d'argent, que l'on obtenait autrefois avec un moindre quantum de marchandises?

La production totale des métaux précieux, en 1871 (1) était de 65,757 millions de francs dont 30,149 millions en or (45,58 p. 100), et 35,608 millions en argent (54,42 p. 100). A l'état de *monnaie*, principal débouché des ma-tières précieuses, il n'existait la même année que 23,337 millions d'or et d'argent, c'est à dire un peu plus du tiers de la production to-tale.

Qu'est-ce donc que cette faible masse moné-taire, répartie sur l'Europe et l'Amérique, en

---

(1) Voir pour les chiffres les 4 articles que j'ai publiés dans le *Journal officiel* sur la production et la consommation des métaux précieux pen-dant la période de 1857 à 1871, n°ˢ des 22 et 30 oc-tobre, 31 décembre 1872 et 29 janvier 1873. Le ré-sumé de cette étude donne pour chiffres de la production de la période 1857 à 1871 : 3,367 mil-

présence de la masse énorme de marchandises et de travaux de toute nature, qui constituent sur toute la surface du globe une demande pour ainsi dire illimitée de cette matière ? Un grain de blé pour des milliards de fourmis !

Autre considération.

Une pièce de 20 fr., aussi bien qu'une pièce de 5 fr , n'est-elle pas tout aussi difficile à produire aujourd'hui qu'il y a 50 ans, qu'elle pro-

---

lions d'argent et 9,719 millions d'or. En tenant compte de la production totale, depuis l'année 1500 jusqu'en 1871, on trouve le tableau suivant *en millions de francs* de la production et des cinq débouchés de la consommation :

	Période de 11857-1871 —	Totaux en 1871 —	Proportion des débouchés à la production —
PRODUCTION. ...	13.086	65.757	100
DÉBOUCHÉS 1. Monnayage	8.625	23.337	35,18 0/0
2. Exportation définitive...	3.700	9.784	14,83 0/0
3. Industrie. ..	2.750	7.617	11,59 0/0
4. Perte......	97	23.137	35,18 0/0
5. Réserves des banques en lingots..	0	1.882	2,87 0/0

Voir les *Annexes*.

vienne d'un *placer* de l'Amérique du Sud ou d'une mine du Mexique ? Toute marchandise est salaire. Si on examine minutieusement la composition du prix de revient d'une denrée quelconque, on verra que ce prix de revient se décompose en salaires et en matières premières, et que ces matières premières sont elles-mêmes des salaires *indirects* (1).

L'or ainsi que l'argent sont exactement dans ce cas. Extraits des mines, ils exigent des capitaux, des machines, des salaires, des efforts qui, une fois la part éventuelle et plus ou moins favorable du gisement faite, constituent la presque totalité de leur prix de revient. N'est-il pas amplement démontré que si la production d'or australienne a été dans les dix premières années de 8 milliards, la somme

---

(1) Exemple : Le prix du combustible employé, que représente-il ? Les salaires du mineur, des employés et ingénieurs, des fabricants de poudre, des constructeurs de machines, de chariots, des éleveurs de chevaux, des fabricants de métaux, etc., le tout accumulé partiellement sous forme de marchandises. Le prix du combustible est donc une série de salaires multiples, dont chaque terme est une fraction quelquefois infinitésimale. Conclusion : toutes les industries sont forcément solidaires *par les salaires*, et réagissent les unes sur les autres par les marchandises produites.

des capitaux et travaux employés n'a pas été de beaucoup inférieure à 8 milliards ? Que de mécomptes, que de fausses spéculations, que de revers dans les expéditions californiennes et australiennes !

Pour ce qui est de l'argent, les frais d'extraction ont plutòt augmenté que diminué ; car, pour toutes les personnes qui, comme moi, ont passé une partie de leur vie à fabriquer des lingots d'argent et à en suivre le marché, il est hors de doute qu'aucune raison technique ne milite présentement en faveur de l'abaissement de ce métal ; le contraire serait plutòt probable.

Si donc, comme cela est généralement admis, les salaires et les denrées ont éprouvé une hausse considérable, comment pourrait-il se faire, que les métaux précieux fabriqués avec des salaires et des marchandises en hausse, aient baissé ? Comment auraient-ils baissé de 25 0/0 ? Surtout si, comme le prétend M. Foville dans son Mémoire, la hausse sur les marchandises a été de 33 0/0 ? Ainsi : toutes les denrées auraient haussé de 33 0/0, et la marchandise or et argent — la marchandise par excellence, la marchandise qui s'échange contre toutes les autres — aurait fait une chute de 25 0/0 ?

La conséquence immédiate est celle-ci : Si

l'abondance de la production d'or et d'argent a causé leur baisse de valeur propre de 25 0/0, et si elle a eu pour contre-coup une hausse des marchandises de 33 0/0, c'est une baisse totale de 58 0/0 qu'il faut imputer aux métaux précieux, si l'on attribue cette hausse des marchandises exclusivement à la production d'or et d'argent.

Tout cela évidemment n'est pas admissible !

Comment l'or et l'argent seraient-ils si avilis par leur superfétation, lorsque nous constatons chaque jour les marques les plus évidentes qui puissent caractériser la pénurie métallique, la disette des matières précieuses : encaisses de banque insuffisants ; escomptes s'élevant à 9 0/0 et 10 0/0; cours forcé du papier des banques ; crises financières, etc.?

Pour terminer cette partie de la question, et pour dissiper une erreur assez répandue, j'insisterai en quelques lignes sur cette hausse des marchandises qui, dit-on, a été causée par *l'abondante production des métaux précieux.*

J'ai relevé soigneusement, dans les documents statistiques des douanes, des hôpitaux, et dans des publications gouvernementales et privées, depuis 1820 jusqu'en 1872, les *prix moyens annuels* d'un grand nombre de marchandises, — de première nécessité , de moyenne nécessité, de luxe, — et je suis arrivé pour la France et pour les 50 dernières années (1820-1870), à une *hausse* moyenne de 14 0/0 (prix de gros) (1).

Or, cette étude mathématiquement conduite, que j'ai étendue aux salaires et aux valeurs mobilières et immobilières, et qui repose sur des faits irréfragables,— rabaisse de plus de moitié le chiffre indiqué par M. Foville et me conduit logiquement à cette conclusion :

---

(1) Je me réserve de traiter plus tard cette question. Les résultats principaux sont ceux-ci :

Hausse : sur la viande de bœuf 35 0/0, veau 7 0 0, mouton 6 0/0, porc 11 0/0, volailles 22 0/0, œufs 15 0/0, beurre 38 0/0, blé 7 0/0, pommes de terre 22 0/0, légumes secs 20 0/0, châtaignes 8 0/0, café 22 0/0, cacao 30 0/0, houblon 48 0/0, huile d'olives 45 0|0, fromages 62 0/0, pain 9 0/0 (a Paris 6 0/0), vin ordinaire 45 0/0, eau-de-vie 109 0/0, suif 56 0/0, soie grége 15 0/0, soie moulinée 8 0/0, coton 19 0/0, chanvre 23 0/0, lin 25 0/0, fourrage 40 0/0, houille 84 0/0, coke 95 0/0, fer 7 0/0, cuivre 12 0/0, plomb 0 0/0, zinc 15 0/0, étain 18 0/0, chandelle 56 0/0, soie brochée 30 0/0, soie façonnée 6 0/0, soude 26 0/0, savon 9 0/0.

Baisse : riz 5 0/0, thé 12 0/0, tabac 45 0/0, sucre 19 0/0, laine 11 0/0, bois à brûler 4 0/0, charbon de bois 11 0/0, tourbe 1 0/0, fonte 6 0/0, drap 14 0/0, tissus de laine 7 0/0, tissus de coton 42 0/0, tissus imprimés 38 0 0, papier 26 0/0, faïence 8 0/0, porcelaine fine 50 0/0, briques 5 0 0.

Sans changement : Bière, cidre.

« Jusqu'en 1870, les causes de la hausse des
» denrées, ne *résidant point dans la baisse*
» *de valeur des métaux précieux*, il faut les
» rechercher dans une extension considérable
» de la consommation publique qui est, en
» effet, supérieure, pour la plus grande masse
» des produits, à la production. »

Cette consommation, croissant avec plus de
rapidité que la production, a été augmentée
par l'extension des voies ferrées, de la navigation à vapeur, et surexcitée par l'affluence
même des capitaux monétaires ; elle a été fo-
mentée enfin par une série de causes générales
et secondaires fort nombreuses, que je ne puis
indiquer ici, afin de ne pas m'écarter trop
de mon sujet.

Résumons cette discussion capitale sur laquelle on pourrait écrire des volumes. Les variations survenues dans les valeurs des métaux
précieux, depuis 1800, ont certainement fourni
d'assez grandes oscillations ; mais elles ont
toutes été temporaires. La physionomie générale que présente le phénomène est com-
parable à celui que présente la surface de la
mer. La surface de niveau des métaux précieux a maintenu sa hauteur à peu près constante, et, si bien elle a oscillé aux époques assez fréquentes de marées, le déplacement to-

tal du niveau en contrebas n'a pas atteint une fraction sensible de la hauteur primitive. En d'autres termes, la valeur des métaux précieux, malgré de fréquentes oscillations, véritables flux et reflux métalliques, n'a pas atteint *en baisse* 4 0/0 de leur valeur primordiale (c'est-à-dire depuis 1820).

VIII

Ce fait acquis, pourquoi donc cette surface
de niveau se modifierait-elle tout d'un coup en
ce moment ? Y a-t-il de nouvelles mines d'argent découvertes, qui puissent faire baisser le
stock d'argent par une production immense (1)?
L'or devient il plus abondant ? Non. Les quelques mines d'or, récemment ajoutées au cata-
logue des gisements producteurs (Afrique mé-
ridionale, Nouvelle-Guinée, etc.), ne changent
pas la situation générale. C'est plutôt un en-
rayement soutenu, un accroissement de difficultés dans l'extraction et dans la production que
l'on constate. Les mines deviennent profondes,
et le travail de l'homme a besoin de se faire

(1) L'once d'argent en Angleterre a haussé et
son prix est de 53 1/8 deniers au 10 janvier courant. La statistique de M. Wilson donne pour
la production, en 1870, I kilogr. d'or pour 7.8 kilogr. d'argent, rapport qui reste stationnaire à
peu près depuis 1860.

aider de toutes les ressources de la science pour arracher le métal à la terre.

Mais alors l'exportation et l'industrie, qui constituent deux des principaux débouchés de l'argent, — en supposant clos celui du monnayage (ce qui n'est pas), — sont-ils donc incapables d'absorber au besoin les quelques millions d'argent que l'Allemagne, la Hollande et les États scandinaves se proposent de démonétiser ?

Non, encore. Car l'Allemagne vient d'essayer le transport de ses lingots d'argent provenant de ses pièces démonétisées dans l'Inde ; et, s'il est vrai que l'exportation asiatique, autrefois exclusivement d'argent, paraît s'être modifiée assez notablement sous ce point de vue, les chiffres cités à la page 60 (note) prouvent que ces débouchés sont insuffisamment partagés, depuis que les hôtels monétaires absorbent plus que la production des mines, au point qu'ils ont entamé les réserves en lingots des Banques ; ces réserves sont estimées, en 1857, à 6 0|0 de la production, et se réduisent en 1871, à moins de 3 0|0 (1).

---

(1) Voir sur ce point les articles cités du *Journal officiel*. qu'on retrouvera aux *Annexes*.

Force est donc de conclure que la marée actuelle, produite par le remaniement du monnayage allemand, est un mouvement de flux
qui sera suivi bientôt et forcément d'un mouvement de reflux ; en un mot, la variation
de l'or en hausse et la variation de l'argent en baisse, qui caractérisent l'oscillation
actuelle, ne sauraient altérer la ligne moyenne
et générale du niveau de leur valeur.

Ainsi la question monétaire, qui nous appa-
raissait dans le principe si vaste, si gonflée
de tempêtes, prend maintenant, on le voit,
les maigres proportions d'une question temporaire, réduite à de très petites dimen-
sions.

Elle peut se formuler comme suit : « Quels
» remèdes faut-il apporter à la situation moné-
» taire actuelle causée par l'oscillation tempo-
» raire de la valeur de l'or et de l'argent à
» laquelle nous assistons? » Telle est la solution qu'il nous reste à indiquer dans le prochain paragraphe.

Quelques lignes encore : je ne saurais assez
soutenir cette conviction, qui repose sur les calculs les plus positifs, que les phénomènes d'oscillation de valeur des métaux précieux, à moins
de cataclysme, ou de circonstances très extraordinaires, ne sauraient désormais atteindre de
grandes proportions, ni de vastes amplitudes,

parce que la consommation des métaux précieux croît avec une rapidité autrement grande
que leur production. Cette loi économique, qui
semble se dessiner d'une façon fort nette pour
les matières précieuses, trouve heureusement
son correctif dans un accroissement parallèle
de la circulation en papier, proportionnelle
sensiblement à la différence entre la quantité
des matières précieuses produites et celle qui
en est consommée.

La circulation fiduciaire, qui supplée aux
métaux monétaires, est admirablement orga-
nisée d'ailleurs dans la plupart des pays européens, surtout en Angleterre et aux Etats-
Unis, pour économiser la plus grande somme
possible de monnaies. Mais les besoins de
métaux n'en sont pas moins réels, considérables, urgents ; et, quand on pénètre
au fond des choses, ils apparaissent comme
les mobiles secrets de bien des mouvements
politiques. Ce serait, je crois, une singulière
histoire que celle des métaux précieux, si elle
était écrite à ce point de vue philosophique !

L'expédition des Anglais à Port-Natal et au
nord des possessions du Cap (*Diamond-fields*),
celle qu'ils viennent d'entreprendre contre les
Ashantees ; — l'expédition des Hollandais au
Transvaal, celle qu'ils viennent d'entreprendre contre les Atchinois ; — la conquête de la

Californie par les Etats-Unis, les difficultés politiques sans cesse renaissantes avec le Mexique, l'immixtion commerciale dans le Japon ; — les projets d'expédition de l'Allemagne dans les alentours des îles Philippines, etc., etc. : — tous ces mouvements politiques cachent, je le crains, le besoin de métaux monétaires, déguisé sous les formes séduisantes de ce qu'on appelle : le progrès de la civilisation.

IX

Dans les numéros de ces jours derniers, nous avons fait connaître, par une citation de l'*Economiste français* (1), les vicissitudes que traverse la conférence monétaire réunie au Ministère des affaires étrangères, et nous avons présenté au lecteur le questionnaire composé des sept questions soumises à la décision de la conférence. Tâchons donc de déterminer la solution logique qui convient à la situation actuelle.

Cette situation est causée, nous l'avons amplement démontré, par *l'oscillation temporaire* de la valeur de l'or et de l'argent et prend son origine dans la démonétisation d'une partie de l'argent allemand, l'autre partie de cet argent allemand devant servir à reconstituer la nouvelle monnaie de billon de l'empire d'Allemagne.

____

(1) Voir cette citation à la fin du volume.

Quels sont donc les inconvénients créés par cette oscillation, et quels sont les remèdes qu'il y a lieu d'y apporter ?

Il est essentiel, pour bien saisir la question, que le lecteur soit mis au courant de ce qu'on appelle la spéculation des métaux précieux (1).

X

En ce moment, en Angleterre, l'argent, qui ne peut être monnayé que par le gouvernement, et qui n'y est reçu que comme monnaie divisionnaire, jusqu'à concurrence de 50 shellings, se trouve dans le commerce à l'état de *marchandise*, à l'état de *lingot*. Le prix de l'once troy (31 gr. 091), y a varié depuis

---

(1) Voir le dernier chapitre du livre III des *Métaux précieux* qui contient la théorie complète et mathématique de cette spéculation.

58 pence jusqu'à 62 pence. (Le pence vaut 1|20 de shelling, soit 0,fr.105). (2)

Le prix anglais de l'once d'argent, qui correspond au rapport entre l'or et l'argent 15,50, rapport fixé dans nos monnaies par la loi de l'an XI, est celui de 60 pences et 84 centièmes de pence.

Ce qui veut dire qu'il y a égalité de prix entre 15 kilogrammes 1/2 d'argent et 1 kilogramme d'or, lorsque l'once d'argent est à 60 pence 84 à Londres.

Si donc l'once descend sur le marché anglais à 57 pence 7/8, comme au milieu de novembre dernier, par exemple, le rapport s'élève : il devient 16,29; c'est-à-dire qu'il faut 16 kilogrammes 290 grammes d'argent à Londres pour ce même kilogramme d'or.

Notons en passant que ce qu'on appelle la *cote* des métaux précieux n'est pas toujours la vérité pratique, mais plutôt la vérité nominale.

---

(2) Dans la monnaie anglaise, 1 once troy d'or vaut 3 liv, st., 17 shell., 10 1|2 d. ; le rapport de l'or à l'argent (billon) est en Angleterre de 15.575, 5 shellings. = 1 once troy d'argent = 31 gr. 091.

Cette cote est établie par un syndicat composé d'un nombre restreint, mais très puissant, de marchands de métaux, aussi bien en Angleterre qu'en France. Pour ma part, je puis affirmer que, durant 15 ans de fabrication de lingots d'argent, je n'ai *jamais* pu réussir à réaliser la cote dans une vente et que j'ai toujours dû payer plus cher, quand j'étais acheteur.

Admettons cependant que le prix actuel de Londres, indiqué par l'*Economist* du 17 janvier, soit en réalité de 58 pences 1|8 l'once troy: ceci correspond au rapport commercial de 16,22, supérieur de 0,72 au rapport légal français 15,50.

Si donc un besoin d'or en France, impérieux, exige qu'on aille à Londres acheter de l'or, il faudra y porter 16 kil. et 220 grammes d'argent par chaque kilog. d'or qu'on voudra en rapporter. La Banque de France, le Trésor, les marchands de métaux, pour exécuter cette opération, devront par suite transporter des matières d'argent (monnaies, vaisselle, etc.), les mettre en lingots, les faire affiner (séparer le cuivre), les faire essayer, les transporter (pour ne pas perdre d'intérêts), à grande vitesse à Londres, y trouver acheteur, payer courtage et assurance, faire essayer à nouveau par les essayeurs du commerce de Londres, recevoir les monnaies or en retour, faire refondre ces dernières, si elles ne sont pas déjà en lingots, faire essayer ces derniers, les retransporter, etc., et les faire enfin monnayer en France, où une partie de ces opérations est à recommencer.

Pour que la Banque de France, le Trésor ou les marchands de métaux aient intérêt à pratiquer ce transport de métaux, il faut qu'ils trouvent, soit sur la hausse de l'or en France, soit par une baisse relativement moindre de l'argent en France, un bénéfice.

Il faut donc que la somme de tous les frais, signalés dans le cas supposé, soit inférieure à 720 grammes, différence entre les 16 k. 220 gr. d'argent de Londres et les 15 k. 500 gr. d'argent monnaie de France, tous deux équivalents à 1 kil. d'or. Or, ces 720 gr. valent, en France, 157 f. 60, à raison de 218 fr. 89 le kil. (les frais de monnayage par kil. sont déjà déduits dans ce prix); et comme la valeur d'un kil. d'or en France (frais de monnayage également déduits), est de 3,494 fr. 44, cette somme de 157 fr. 60 représente 4,73 pour 100 de marge pour chaque opération de 1 kil. d'or.

C'est sur ces 4,73 0|0 qu'il faut prélever tous les frais de l'opération d'aller et de retour.

XI

Ce qui précède démontre d'une manière fort nette que, pour que les capitaux argent puissent excursionner de la sorte de France en Angleterre et s'échanger contre les capitaux or, il faut une série d'opérations des plus délicates et des plus onéreuses, qui précisément constituent la profession de marchand de métaux ou de spéculateur en métaux précieux. C'est un métier qui se trouve forcément au pouvoir d'un très-petit nombre de capitalistes, et il est clair que la plupart de ceux qui l'exercent n'ont qu'un intérêt médiocre à être partisans d'un système monétaire universel, qui supprimerait une grande partie de ces frais, et par suite leur profession.

C'est l'*universalité* d'un système monétaire commun à toutes les nations, et non, comme on le prétend, l'*étalon unique d'or*, qui supprimerait notablement les trafics et les transports de métaux précieux et par conséquent les variations de valeur commerciale.

XII

Supposons maintenant que l'opération, se faisant sur une grande échelle, donne lieu à 2 0/0 de bénéfices, tous frais déduits : ce qui serait énorme. Que va-t-il arriver? Aussitôt des maisons rivales se précipiteront sur le bénéfice en question, et la concurrence immédiate qu'elles se font tendra à rétablir l'équilibre.

Que cette opération se prolonge et s'exerce par plusieurs maisons ou par une seule, sur une grande échelle:—l'Angleterre,qui cherchera à défendre son or, se trouvera bien vite dépouillée d'autant de fois de kilogrammes d'or qu'il y aura eu de fois 16 kilogrammes et 220 gr. d'argent envoyés par delà la Manche.

L'or revenant en France tendra à y baisser; l'argent s'y raréfiera et le rapport commercial se rapprochera rapidement de 15,50. L'invasion d'argent en Angleterre aura sa limite dans la raréfaction de l'or.

Admettons cependant que cette raréfaction se fasse lentement, et qu'en attendant, l'argent sur le marché de Londres continue à baisser :

plus le phénomène sera intense et plus rapidement il donnera lieu à ces effets que je signale.

Ce qui démontre que la limite est *déjà atteinte*, à l'heure présente ; ce qui prouve que l'oscillation actuelle est *faible* , et qu'on se livre bataille: c'est que l argent est monté de 58 pences à 58 1|7 l'once au 17 janvier dernier, et que, d'après l'*Economist* du 24, il y a forte demande de ce métal pour les Indes, à cause de la disette du Bengale. Ajoutons que même la prime sur l'or a complétement disparu depuis plusieurs jours à Paris.

XIII

Précisons encore mieux le phénomène actuel.

Les banquiers allemands ont reçu des hôtels monétaires allemands les lingots d'argent provenant de la démonétisation ; ces lingots ont pénétré dans les hôtels monétaires belges, italiens, suisses, et même français: on les y a convertis en pièces de 5 francs. Ces dernières, de l'étranger, ont afflué en France par le

Nord et par Lyon, et elles se sont échangées contre de l'or français. Comme il en existe, en somme, assez peu, on a, dit-on, cherché à les échanger contre de la monnaie billonnaire. Si ce dernier fait est exact, cette opération est essentiellement limitée et précaire, et il n'y a pas lieu de s'en préoccuper autrement.

L'or échangé contre les pièces de 5 francs a évidemment fait rapidement prime. Une pièce d'or isolée ne peut pas, il est vrai, recevoir cette prime, mais le changeur, le banquier ou le receveur des finances, qui collectionnent, la perçoivent : cette prime est la rémunération de leurs soins ; rien de plus légitime donc que ce bénéfice réalisé, quand ils cèdent leurs pièces de 20 francs.

Mais lorsqu'il n'y a plus d'or disponible, ce qui est à peu près le cas de la France, de la Suisse, de l'Italie, lorsque la prime de l'or s'élève à 10 fr. pour 1,000 fr. (1 pour 100), en quoi consiste le bénéfice du marchand de métaux ? Il faut évidemment qu'il troque alors les pièces de 5 fr. d'argent, qu'il introduit, contre des marchandises. Or, ces marchandises se payent en francs, peu importe la nature du métal.

Il ne peut y avoir, dans le cas supposé, d'or à échanger, qu'à la condition que le trafic soit conduit parallèlement avec celui que j'ai indiqué plus haut, sur l'Angleterre, marché naturel de l'or.

Eh bien ! supposons que, d'une part, ces opérations allemandes, introduisant de l'argent en France, et faites par des spéculateurs allemands, soient lucratives; que celles de retour d'or d'Angleterre, qui les complètent, faites par des spéculateurs français ou allemands, soient également lucratives; quelle est la nature de ce trafic ?

XIV

Ce trafic est tout à fait analogue à celui d'un marchand de blés d'Odessa ou d'Alexandrie qui, sachant qu'il y a un point du globe, Marseille, par exemple, où il y a un stock insuffisant, tout calcul fait, embarque ses céréales pour ce port et rapporte de son expédition un bénéfice soit en monnaies de son pays, soit en monnaies françaises à refondre, soit en marchandises, dans le cas où ces dernières lui donneraient un plus grand produit que les pièces de monnaie.

Le spéculateur en métaux précieux fait un trafic de même nature que celui d'un marchand de draps, de soies ou de velours, qui transporte sur un marché, où ces produits sont cotés à des prix élevés, ses tissns fabriqués dans de meilleures conditions de bon marché, et qui, malgré l'invasion des cotonnades, des indiennes et autres étoffes qui ont cherché à remplacer le vide, malgré la concurrence de ses rivaux, réussit à remporter chez lui de gros sacs d'écus.

Si ces écus sont des monnaies étrangères, il faudra qu'il en fasse la refonte ou qu'il paye à un changeur un change qui permette à ce dernier soit de refondre, soit de réexpédier au pays d'origine avec bénéfice.

Quant à la légitimité de toutes ces opérations, qui la peut contester ? Comment pourrait-on contester aux détenteurs de pièces d'or et d'argent, — lesquelles ont satisfait aux droits de monnayage, lesquelles sont la représentation par excellence de la propriété personnelle, — le droit de trafiquer en toute liberté ; — droit de trafic qu'on a quelquefois songé à contester aux accapareurs de blé et que l'on a long-temps refusé de reconnaître entièrement libre aux marchands de métaux ?

Les anathèmes dont ces derniers étaient frappés, sous le nom de lombards, juifs, etc., agio-teurs, accapareurs... ne se profèrent plus, il est vrai ; mais, en revanche, une foule de gens

trouvent encore qu'il ne devrait pas être
permis d'agioter sur les monnaies d'or et d'argent, sous prétexte qu'on fait un tort au *bien
de la nation*.

On le voit, ces gens ont tout d'abord la prétention d'empêcher des maisons, comme la
maison Rothschild, par exemple, ou la Banque de France, — qui a besoin d'entretenir
soigneusement son encaisse métallique, — de
disposer de leurs capitaux et de les faire tra-
vailler au mieux de leurs intérêts. L'énoncé
seul de cette conséquence se passe de tout
commentaire.

Mais ces mêmes opposants ne voient pas
que ces mouvements de masses monétaires considérables exigent des agences sûres, des capitaux collossaux, une grande précision, et
sont, par leur nature — notez bien ceci —
essentiellement productifs, comme tout mouvement de marchandise internationale. Le
mouvement, c'est l'essence de la vie commerciale.

Si ce voyage à Londres des 16 kil. 220 gr.
d'argent, exécuté par exemple par la maison
Rothschild, ou par la Banque, pour rapporter un
kilogramme d'or à Paris, réalise, pour elles, un
bénéfice de 2 0[0 de leur capital en jeu, qui donc
perd dans ce bénéfice ? L'alimentation du marché monétaire en or, avec mouvement de ca-

pitaux et risques, n'est-elle pas un service rendu ?

Lorsqu'un manufacturier de Rouen envoie sa marchandise en Belgique, qui en bénéficie ? Appauvrit-il la France ? enrichit-il ou appauvrit-il la Belgique ? D'une part, le producteur français *gagne* ou cherche à gagner un prix supérieur à la valeur intrinsèque de sa marchandise, pour faire un bénéfice, qu'il réalise, s'il ne s'est pas trompé dans son opération commerciale. Le consommateur belge, d'autre part, y *gagne* de posséder à bon prix ce qu'il ne trouverait probablement pas dans son pays dans les mêmes conditions, sans quoi le fabricant de Rouen ne pourrait aborder le marché belge avec des frais de transport, de douane, de commissions, etc.

XV

Ce débat n'est — on le voit — dans le fond, qu'une résurrection, avec ornements modernes, des vieilles doctrines de l'école anti-libérale, qui soutenait qu'un Etat n'est prospère que lorsqu'il fait le plus d'*exportations* de marchandises et qu'il *importe* le plus de métaux précieux possible.

Cette fausse doctrine, combattue par tous les économistes, aujourd'hui réduite à néant, a laissé, comme trace dernière, la croyance que les transports de métaux précieux et les agiotages qui en résultent, sont des pertes sèches au débit de la nation qui exporte du numéraire.

Qu'il soit donc convenu désormais que tout trafic de matières précieuses, importation ou exportation, a pour but et conséquence une réimportation de matières précieuses ou de marchandises, avec un bénéfice (ou une perte), qui sera tantôt de l'exporteur, tantôt de l'importeur, suivant que l'opération sera bien ou mal conduite : c'est une partie double où, pour voir clair, il faut examiner le doit et l'avoir des deux comptes.

C'est donc entraver la liberté de ce genre de transactions, c'est toucher à la liberté commerciale et personnelle, base sacrée du commerce international ; c'est même nuire gratuitement à la bonne allure commerciale de son propre pays, que de vouloir *limiter* ou *empêcher* ce trafic par une mesure de prohibition quelconque, empreinte non-seulement du plus étroit chauvinisme, mais encore économiquement funeste !

Dans ce commerce, qui n'est qu'un cas particulier du trafic international, et qui joue le rôle important, capital, de *soldeur* entre toutes les nations, vouloir introduire une question de nationalité, vouloir faire pencher constamment la balance en faveur du marchand français, c'est évidemment vouloir inventer une chose aussi illogique qu'impraticable. L'or et l'argent n'ont pas de nationalité.

Pourvu que la monnaie de compte, le *franc* en France, qui sert de base aux transactions, sous forme de pièce d'or, d'argent, de cuivre, de billet, demeure le type d'échange entre les individus d'une même nationalité ; pourvu que la notion reste *fixe*, dans l'intérieur de la na-ion où la monnaie a cours, et par conséquent puisse servir de base d'appréciation certaine au dehors : toutes les oscillations, agitations, agiotages (ce mot n'a d'autre sens que celui de variation sur les monnaies ou sur le change), n'auront pour effet qu'un mouvement de mé-taux portant profit ou perte à ceux qui l'exer-cent.

La Banque, le Trésor, les marchands de mé-taux augmenteront ou diminueront leur fortune personnelle, suivant que leurs spéculations, dans ces excursions de métaux, seront bonnes ou mauvaises ; et cela est vrai, aussi bien en France, en Angleterre qu'en Allemagne : la na-tionalité importe peu !

XVI

Les conséquences à tirer de cet exposé vont se grouper maintenant drues et serrées.

Constatons tout d'abord que la spéculation sur les métaux précieux est une opération mercantile de même nature que toute autre, et renversons tout de suite cette fameuse et incessante objection qui peut se formuler de la manière suivante :

« S'il n'y avait pas un rapport légal fixé à 15,50 entre la monnaie d'or et la monnaie d'argent de France, ces spéculations ne seraient pas possibles. Vous, partisans de la liberté commerciale, pourquoi donc ne laisseriez-vous pas le commerce fixer lui-même ce rapport? »

C'est à cette objection que l'article du directeur de l'*Opinion nationale* répondait en proposant une tarification des pièces, et c'est à cette occasion que j'ai pris la liberté de produire les idées présentées dans ce volume.

Les raisons que j'ai données démontrent :

1° Que la notion du franc est forcément dépendante du métal monétaire ;

2° Que le métal monétaire est forcément variable de valeur ;

3° Que le métal monétaire est forcément pour longtemps double : or et argent ;

Par conséquent les fluctuations causées par la spéculation, s'exerçant forcément aussi sur les deux métaux, qu'ils soient à l'état de monnaie ou à l'état de marchandise, il faudra toujours en arriver à tarifer le rapport de l'or à l'argent dans les transactions, soit temporairement, soit par périodes considérables. Toute la question est donc de savoir si le tarif doit être *fixe* ou *mobile*.

La fixité monétaire du rapport de l'or à l'argent a le grand avantage, non-seulement de ne pas laisser de doute dans les transactions journalières, mais elle a aussi celui d'affranchir le public des variations imposées par la frayeur, les paniques et les pressions financières qui seraient faites par les grands boursiers et les grands marchands de métaux, en empêchant que l'action de ce s puissants seigneurs, puissants en tant que marchands de matières précieuses, ne s'exercent dans la sphère calme des transactions ordinaires.

La tarification périodique, au lieu d'empêcher les grands mouvements de métaux, les provoquerait plus facilement ; et les os-

cillations à chaque tarification — véritables
vagues sans cesse agitées sur des mers jadis
tranquilles — troubleraient non-seulement les
sphères élevées où manœuvrent les grands capitaux, mais encore les couches sereines infé-
rieures où travaille et se meut le gros de la société. Pour continuer l'image, j'ajouterai que la
navigation sur ces mers qui, jadis, n'étaient agitées que dans certains parages et que ne fréquen-
taient que quelques navires de fort tonnage,
frétés par la grande spéculation, deviendrait
désormais périlleuse même pour les nombreuses petites barques qui hantaient les parties
paisibles du bassin.

Le public, en général, que ce soit l'or qui
abonde, que ce soit l'argent qui le déplace à un
moment donné, se soucie fort peu de ces oscillations de valeur, si le *franc* — sa monnaie
courante de compte — est aussi bien libérable
en or, en cuivre, en argent, qu'en billets.
Pourvu qu'il ait franchement l'un de ces
moyens à la main, le reste lui importe peu.

En définitive, ce sont les banques d'Etat,
les Trésors, les gros marchands de métaux
de tous les pays qui se livrent bataille,
quand il y a une oscillation, et comme
probablement ce seraient ces établissements
qui seraient chargés de fixer le tarif pé-

riodique du rapport entre l'or et l'argent, ou tout au moins les gouvernements, sur lesquels ils ont une action financière forcée, il semble préférable que la *Loi*, immuable, et qui ne reconnaît aucune influence, détermine ce tarif une fois pour toutes. La loi de l'an XI remplit ce rôle et me paraît le remplir au mieux des intérêts du public français.

Nous avons, dans la crise que nous examinons, une preuve flagrante de l'influence gouvernementale par les agissements du gouvernement allemand.

On le voit : le double étalon monétaire remplit en quelque sorte le rôle de ce soleil fictif, sur lequel nous réglons nos horloges, bien qu'il ne coïncide qu'à de rares jours avec le soleil vrai.

Le double étalon monétaire joue encore, sous un autre aspect, le rôle de contre-poids, de modérateur. L'afflux de l'or détermine l'écoulement de l'argent, et réciproquement, tandis que l'afflux de l'or sur un pays autre que la France, l'or y étant supposé métal monétaire unique, par quoi sera-t-il remplacé ? — Par du papier, dont la valeur monétaire est certes très maniable et dont l'application est précieuse, mais qui ne repose que sur le *métal* qu'il représente.

XVII

J'arrive à une dernière objection qu'on peut formuler comme suit. « Mais si tous les pays, » excepté la France et les autres pays de l'u- » nion monétaire latine, refusent de recevoir » les pièces d'argent du type français, par suite » de l'installation de l'étalon unique d'or dans » toutes les autres régions du globe, n'en ré- » sultera-t-il pas que la France et ses associés » constitueront sur leurs frontières une espèce » de muraille de Chine, qui les isolera du » trafic général européen? »

Il faut d'abord que cet étalon s'établisse partout à l'entour de nous. Or, nous l'avons dit, l'or n'est pas encore en état de créer semblable situation, faute d'une suffisante généralisation et production.

M. F. Hendriks, dans l'*Economist* du 31 janvier, indique que la somme d'or nécessaire pour constituer l'étalon d'or unique — en Allemagne, Hollande, Etats Scandinaves, Etats-Unis, France, Italie, Belgique et Suisse — ne doit pas dépasser le stock qui sera disponible dans dix années, c'est-à-dire en 1883 : ce stock est estimé par lui à 195 millions sterling, soit environ 5 milliards de francs. M. Hendriks commet une erreur dans son estimation, en supposant que les 4/5ᵉ du monnayage d'or français, depuis 1851, existent encore en France. Il y a de l'or à la Banque, il y en a dans des pots et des cachettes; mais l'Allemagne et l'Orient ont enlevé la presque totalité d'un monnayage qui s'est élevé à 7 milliards (dont à peine un milliard d'argent).

Je ne puis donc m'empêcher de reconnaître de nouveau que les Anglais sont très habiles à faire valoir les idées théoriques qui font leurs affaires. En tout cas, si l'adoption de l'étalon unique d'or devient si facile et qu'il ne faille attendre que dix ans, applaudissons et attendons.

Puis les produits français, belges, italiens et suisses constituent une puissance d'échange qu'on ne peut pas isoler de cette façon cavalière. Pourquoi les marchandises de l'union latine manqueraient-elles de trouver leur payement en or en dehors de la muraille, si l'on suppose qu'il s'y trouve suffisamment d'or : comment cette marchandise or ne filtrerait-elle pas à travers toutes les fentes et n'affluerait-elle pas à l'intérieur de l'enceinte, pour s'y échanger contre les produits des marchés latins ?

Ne serait-ce pas, en tout cas, la plus insigne

des folies que de supprimer l'argent, comme
on le proposait, c'est-à-dire de supprimer
précisément l'instrument d'échange direct avec
l'or, supposé fort abondant en dehors de la
muraille, alors que l'argent seul serait de son
côté aussi fort abondant à l'intérieur ? — Ce
serait — qu'on me permette la comparaison —
vouloir contenir des liquides dans des vases
en grosse toile métallique !

XVIII

J'ai maintenant réuni, élucidé — je l'espère,
du moins — tous les éléments nécessaires pour
résoudre nettement les principales questions
u questionnaire proposé par la conférence
monétaire actuelle.

1re *question*. — « Quelles sont les causes de
la dépréciation actuelle de l'argent, et quelle
est leur durée probable ? »

Les sept premiers paragraphes répondent
pleinement et largement à cette interrogation.

2e *question*. — « Quels sont les inconvénients
de cette situation, relativement à la circulation
et au monnayage dans les pays unis par la convention de 1865 ? »

Ce que j'ai dit dans les paragraphes 7 et 8 établit qu'on s'est exagéré à tort ces inconvénients, car l'oscillation de valeur est temporaire.

3e *question*. — « Est-il possible de trouver des remèdes à ces inconvénients :

» 1° Par la limitation de la fabrication des pièces de 5 fr. d'argent ou par sa suspension pour un temps donné ;

» 2° Par la limitation de la somme d'argent pouvant être imposée au créancier dans les payements ;

» 3° Par la limitation du cours des pièces de 5 francs d'argent à l'intérieur de chaque Etat ;

» 4° Par toute autre mesure à rechercher ? »

La seconde mesure est essentiellement *arbitraire*, aussi je ne m'y arrêterai point. Quant à la première, voici ce que j'ai à en dire :

La limitation de la fabrication des pièces de 5 fr. dans les hôtels monétaires, — mesure à laquelle se sont arrêtées la Belgique et la France, mesure à laquelle s'arrête également la Conférence monétaire, me paraît être un palliatif peu logique, — j'en demande humblement pardon aux grands économistes et aux grands savants réunis au palais d'Orsay.

Du moment que l'oscillation de valeur est un fait purement temporaire, transitoire, ainsi

que je crois l'avoir démontré, et du moment
que les intérêts financiers des grands trafi-
quants en métaux précieux (Banques d'Etat,
Trésors, marchands de métaux) sont les seuls
intérêts en jeu, intérêts souvent coalisés, souvent en antagonisme, mais qui savent parfaitement se défendre les uns contre les autres, je ne comprends pas qu'on fasse interve-
nir l'action gouvernementale pour *arrêter* l'afflux extrêmement *bienfaisant* d'une masse
monétaire d'argent en France. Cet afflux pro-
voquera le retour d'une portion correspondante de l'or. — On crée ce barrage, alors
que nous nageons en plein cours forcé de billets de banque et alors que cette émission et
le crédit fourni au commerce dépendent exclusivement d'un encaisse métallique des Banques d'Etat — encaisse qui peut être en argent aussi bien qu'en or pour les Banques de
l'union latine.

Qu'on y réfléchisse : là gît le vrai danger
de la situation ! *Faute d'or, ayons de l'argent tout au moins !* Car, encore une fois,
qui perd donc dans le trafic et les mouvements
des métaux ?

Par les raisons que je viens d'exposer, la
quatrième question :

« — Y a-t-il lieu de substituer le cours égal

réciproque des monnaies courantes des quatre
Etats à leur cours dans les caisses publiques ? »

Et la *cinquième* :

« — La clause de la convention de 1865 relative au droit d'accession, ne doit-elle pas être
modifiée ? »

N'ont plus aucune importance et sont tout à
fait de second ordre. Je ne m'y arrrête pas.

Il en est de même de la *septième* :

« — Les dispositions de la convention relativement aux tolérances de la fabrication et
aux conditions d'exclusion des pièces usées
par le frai doivent-elles être maintenues ou
modifiées ? »

Il semble que si la législation monétaire est
commune aux quatre Etats liés par la convention de 1865, et si cette convention est obser-
vée et surveillée par chacun des signataires,
aucun sens, ne peut être lésé. Il n'y a donc,
à mon sens, rien à modifier, si l'expérience
n'enseigne rien ; mais il faut bien exécuter ce
qui est convenu.

Quant à la *sixième* question :

« — Ne convient-il pas d'examiner, dans une
conférence monétaire annuelle des Etats con-

cordataires, quels sont les résultats obtenus et quelles mesures il y a lieu de prendre ? »

Il n'y a évidemment aucun inconvénient à ce que, tous les ans, les questions monétaires soient traitées par une réunion d'hommes compétents. Bien mieux, il est extrêmement désirable que ces discussions, auxquelles nous avons essayé d'apporter notre part de lumière, se géneralisent, que le public s'y associe ; mais il faut aussi qu'elles s'affranchissent définitivement des derniers résidus de doctrines antilibérales, absolument contraires à l'expérience, et souvent, — je lâche le mot, un peu dur peut-être — au bon sens.

« Le bon sens, dit Descartes, dans son Dis-
» cours de la Méthode, est la chose du monde
» la mieux partagée ; car chacun pense en être
» si bien pourvu, que ceux mêmes qui sont les
» plus difficiles à contenter en toute autre
» chose n'ont point coutume d'en désirer plus
» qu'ils en ont. En quoi, il n'est pas vraisem-
» blable que tous se trompent : mais plutôt
» cela témoigne que la puissance de bien juger
» et distinguer le vrai d'avec le faux, qui est
» proprement ce qu'on nomme le bon sens ou
» la raison, est naturellement égale en tous les
» hommes; et ainsi que la diversité de nos opi-

6

» nions ne vient pas de ce que les uns sont plus
» raisonnables que les autres, mais seulement
» de ce que nous conduisons nos pensées par
» diverses voies et ne considérons pas les mê-
» mes choses. »

Agréez, etc.

C. R.

ANNEXES

Articles publiés

AU

JOURNAL OFFICIEL

(N⁰ˢ des 22, 30 octobre, 31 décembre 1872 et 29 janvier 1873)

Production générale des métaux précieux durant la période 1857-1871.

I

Les métaux précieux ont le double caractère de marchandise et d'objet de luxe d'une part, et de représentation matérielle ou gage équivalent de toutes les valeurs d'autre part : c'est ce qui explique pourquoi la question de leur production est constamment à l'ordre du jour et ne perd jamais de son intérêt. Ces matières sont attirées des mines vers leurs cinq débouchés naturels : — le monnayage, l'industrie et les arts, l'exportation, la déperdition, les réserves des banques et des particuliers ; — elles se meuvent dans des courants donnés, sous des impulsions variables ; elles affectent des oscillations de valeurs fréquentes ; en un mot elles impriment un mouvement général aux rouages commerciaux et financiers de la machine sociale. Les marchandises de toute nature, les produits de toute espèce, le travail sous toutes ses formes, le crédit dans toutes ses ramifications, reçoivent d'elles une force d'action énergique, parce qu'elles sont la traduction indispensable, courante et universelle de toutes les choses de nécessité et de bien-être.

Quand l'or et l'argent se raréfient, pour le riche comme pour le pauvre, pour le négociant comme pour l'ouvrier, la gêne se produit ; pour les banques, dispensatrices du crédit, lorsqu'il y a raréfaction, naissent les crises monétaires, qui se répercutent dans leurs effets désastreux jusque dans les dernières couches de la société.

Or et argent ne sont certes pas exclusivement la richesse. La richesse des nations, on l'a dit bien des fois et sous toutes les formes, ne consiste pas dans une plus ou moins grande quantité de métaux précieux : ces métaux sont des marchandises qui ont cela de particulier qu'elles ont été choisies pour constituer le signe monétaire et qu'elles servent par suite de signe d'échange contre toutes les autres ; mais elles ne les remplacent pas.

La richesse d'un pays est due tout aussi bien à l'abondance d'un produit quelconque qu'à l'abondance des métaux précieux.

Si un tel produit répond à des besoins généraux, si le trafic en est libre, large, réglé, il devient éminemment échangeable ; il peut bien ne pas être la matière d'échange elle-même, mais en emprunter presque toutes les qualités : la houille, le fer, etc., sont des marchandises qui jouissent de ces caractères, et elles sont considérées à juste titre comme la vraie richesse de l'Angleterre.

D'un autre côté, les métaux précieux, unité de transaction, devenant insuffisants comme quantité, en face du nombre énorme de transactions qui s'effectuent, par leur moyen, directement ou non, à chaque jour et à chaque moment, quelqu'abondante que puisse paraître et que soit d'ailleurs en réalité cette quantité, — aujourd'hui sans contredit colossale, — les crises se présentent aussi intenses qu'aux époques où les métaux étaient relativement plus rares ; car les métaux précieux ont encore ceci de particulier que leur abondance engendre, fomente des besoins nouveaux et plus grands.

Pour tous ceux qui suivent le mouvement industriel et commercial des nations, il est certain que ce mouvement a pris des proportions tout à fait extraordinaires, depuis l'affluence anomale de l'or californien, australien et russe. Il est maintenant bien certain aussi que, loin d'avoir à craindre la réalité des prophéties d'une baisse énorme produite par une trop grande abondance d'or, entraînant à sa suite des perturbations profondes dans les valeurs de toutes choses, ce qu'il y a à craindre plutôt, ce sont des ralentissements de la production californienne, australienne et russe, qui ont excité dans l'industrie et dans le commerce un mouvement progressif, qu'il ne serait pas désirable de voir enrayé. Sous ce rapport, l'abondance métallique est au contraire un phénomène des plus heureux.

Examiner ce qu'est devenue la production or et argent dans ces dernières périodes jusqu'à nos jours, telle est la question que nous nous proposons d'aborder, sans nous flatter de la résoudre ; car les éléments sont complexes et bien difficiles à réunir, ainsi que le lecteur pourra du reste en juger par lui-même.

II

Nous prenons pour point de départ les quantités totales d'or et d'argent que, d'après Michel Chevalier, Tooke et Newmark, Levasseur, Bordet, Lamborn, Hunt, Bonneville, Khull et autres, nous avons consignées comme production à la fin de 1857, dans un livre intitulé : *les Métaux précieux considérés au point de vue économique*, où nous avons analysé et synthétisé ces résultats.

En 1848, la production totale des métaux précieux est estimée à 30 milliards 152 millions d'argent et 14 milliards 426 millions d'or, soit en tout 44 milliards 578 millions de francs. Dans ces sommes sont comprises comme anciens fonds, provenant des siècles antérieurs à l'année 1500 : 700 millions d'argent et 300 millions d'or.

En 1857, nous trouvions le chiffre total de 8 milliards 174 millions extraits depuis 1848, se composant de 2 milliards 170 millions d'argent et 6 milliards 4 millions d'or.

Pendant cette période, la production d'argent était constante et normale ; mais celle de l'or était devenue soudainement extraordinaire, s'élevant en moins de neuf ans à près de la moitié de l'or qui existait en 1848.

L'Australie en avait fourni 1 milliard 695 millions; la Californie, 2 milliards 508 millions ; la Russie, 678 millions ; en tout 4 milliards 781 millions de francs sur un total de 6 milliards 4 millions. Le reste était la production afférente aux pays producteurs de l'Amérique (Mexique, Nouvelle-Grenade, Etats-Unis, Pérou, Bolivie, Brésil, Chili) soit 445 millions ; aux différents centres européens, soit 65 millions ; aux îles de la Sonde et aux Indes : 505 millions; et enfin à la Côte guinéenne et au reste de l'Afrique : 108 millions.

En ajoutant les sommes des deux périodes, l'une antérieure à 1848, et l'autre postérieure à 1848, jusqu'en 1857, on trouve pour la production totale, à cette dernière année, la somme de 52 milliards 761 millions, dont 32 milliards 331 millions en argent et 20 milliards 430 millions en or.

Ce sont ces chiffres qui nous servent de point de départ pour déterminer la production totale à la fin de l'année 1871, objet de cette étude.

Faisons d'abord la part de l'argent.

Aucun changement important ne s'est produit dans la production de ce métal : les méthodes d'extraction n'ont guère varié que

dans des détails ; des modifications des gisements argentifères se sont produites, mais elles
ont été locales, et le rendement' général des
divers pays n'a point été altéré d'une manière
appréciable. Le Mexique, malgré ses deux
guerres, représente toujours près de 60 0|0 de
la production ; le Pérou, le Chili et la Bolivie
viennent ensuite, représentant respectivement
9.66, 9.70 et 1.21 de la production totale en
argent.

Les quantités de ce métal fournies pendant
la période 1857-1871 peuvent s'estimer aux
chiffres suivants, basés sur la production normale et moyenne annuelle :

Océanie...	Australie..........	13.8
Amérique..	Mexique.,.........	2006.2
	Pérou............	327.7
	Chili	299.7
	Etats-Unis........	24.0
	Nouvelle-Grenade...	17.8
	Brésil	0.9
Europe....	Russie...........	48.3
	Espagne........	154.9
	Autriche	92.4
	Saxe	65.6
	Angleterre........	49.2
	Hartz............	31.4
	Prusse..........	21.5
	Etats-Scandinaves...	19.1
	France et Algérie...	10.7
	Italie et autres pays.	3.4
Asie.......	Turquie..........	34.3

Le total (compte tenu des décimales) s'élève à 3 milliards 367 millions de francs et un tiers.

Voilà pour l'argent. Cherchons maintenant à faire le compte de la production d'or.

Le rôle des gisements aurifères est bien autrement important. La production n'est pas normale ; elle a passé en Australie et en Californie par des phases diverses. En général les gisements d'alluvion superficiels, les *placers* en un mot, sont présentement épuisés. Les centres de production sont devenus de véritables exploitations de mines à grande profondeur, exigeant des installations de machines et de matériel considérables et dispendieuses, et des appels de capitaux formidables. Non-seulement les documents statistiques sont difficiles à réunir, mais encore la plupart du temps l'accord entre les appréciations multiples et diverses est loin d'exister. Il a fallu trier, classer tous ces renseignements péniblement recueillis. Les chiffres que nous donnons sont encore le résultat d'analyses et de synthèses faites dans le même esprit et avec la même méthode, la méthode graphique, que nous avons employée dans les évaluations des périodes précédentes. Nos renseignements sont pris dans les travaux remarquables publiés par l'*Economist* anglais, dans la *Statistical Abstract*, l'*Annual Report of United States Director of the Mint*, le *Board of Trade Returns*, les *Annales du Commerce extérieur*, le *Times*, etc., et une série de documents privés, correspondances, etc.

Nous avons trouvé comme résultat total (car nous ne pouvons entrer ici dans les détails) les chiffres suivants, pour la période de 1857-1871 :

Millions de fr.

1. Californie. (Principalement extrait de l'*Annual Reports of United States Director of the Mint*)   2.211.150
2. Australie. (Somme faite, 1° des exportations d'or de la colonie, diminuées des importations dans cette même colonie, et 2° du monnayage à l'hôtel de Sidney.

La 1re somme s'élève à 3.815.125
La 2e   —   —   676.150

            Total.........   4.491.275
3. Russie. (*The Economist*)........   1.239.750
4. Pays américains. (Nouvelle-Grenade, Etats-Unis (excepté la Californie), Pérou, Bolivie, Bré-

       À reporter......   7.972.175

Report..... 7.972.175

sil et Chili.) Moyenne annuelle,
49 millions 1/2............... 693.000

5. Europe. (Tous les pays, moins la
Russie.) Moyenne annuelle, 7
millions 1/4................... 101.500

6. Asie. (Iles de la Sonde, Indes
anglaises, Annam, etc.).
Moyenne annuelle, 56 millions 784.000

7. Afrique. (Côtes guinéennes,
Zanzibar, Haute-Egypte, Abyssinie, Kordofan, etc.). Moyenne
annuelle, 12 millions........ 168.000

Total général de la production de
l'or... 9.718.675

Ainsi 9 milliards 3|4 : telle serait la production totale d'or dans la période 1857-1871.

Le fonds commun se serait donc accru pendant ce même temps de 3 milliards 367 millions 1|3 d'argent et 9 milliards 718 millions d'or, en tout 13 milliards, environ 1 *milliard par an en moyenne*, l'or représentant les 74,77 0|0 de cette production (en nombres ronds les 3|4).

Le stock total des métaux précieux, d'après ces calculs, s'élèverait, au commencement de l'année 1872, approximativement aux quantités suivantes, en chiffres ronds :

	Millions de francs
Or total extrait jusqu'en 1857..	20.430
Or de la période 1857-1871.....	9.719
Total or..........	30.149
Argent total extrait jusqu'en 1857...................	32.331
Argent de la période 1857-1871	3.367
Total argent.............	35.698
Total général, or et argent.....	65.847

De 65 à 66 milliards de métaux précieux, telle serait la valeur totale de ce qu'ont produit pour la société civilisée actuelle toutes les mines du globe, capital dans lequel l'or représente près de la moitié, soit 45, 58 0[0.

En 1856, l'or ne représentait sur la valeur de la masse métallique totale que les 38,7 0/0. Accroissement 6,88 0/0.

III

Ce capital, fonds commun des nations de la terre reliées entre elles par les relations commerciales, est loin d'exister intact; c'est là ce qui a été produit par le travail du laveur, du mineur, du fondeur.

Il faut, pour estimer ce qu'il y a de réellement existant, en déduire ce que l'exportation définitive nous enlève, par la thésaurisation des pays orientaux, et ce que fait disparaître la déperdition. Le frai et l'usure des monnaies, la dégradation lente des dorures et argentures, l'amincissement imperceptible des bijoux et objets manufacturés, l'anéantissement des sommes thésaurisées et cachées qu'on ne retrouve plus, l'ensevelissement des métaux précieux au fond des mers, par suite de naufrages; la perte due aux sinistres, incendies, tremblements de terre, éboulements, etc., le déchet occasionné par la refonte et l'affinage des lin-gots, vaisselles, bijoux, monnaies; la manufacture des matières neuves et vieilles de bijouterie : telles sont les causes nombreuses et agissant avec une certaine intensité, qui amoindrissent le capital mis à jour par le mineur et le fondeur. Une partie seulement des résidus provenant du travail des ateliers est reconstituée à l'état de cendres ou de regrets d'orfèvre, et revient alors dans l'industrie sous forme de lingots.

Dans le prochain paragraphe, nous essayerons d'indiquer qu'elle a été la répartition de cette production d'or et d'argent de la période 1857-1871. entre les divers débouchés qu'affectent les matières précieuses.

Consommation des métaux précieux pour la période 1857-1871.

IV

Les débouchés des métaux précieux sont au nombre de cinq, ainsi qu'il a été dit : le monnayage, l'exportation, la consommation des arts et de l'industrie, la perte et la réserve des banques et des particuliers.

Nous fondant sur une série considérable de données, nous avons présenté dans notre livre : *Les Métaux précieux* les nombres suivants comme étant l'expression probable de l'importance des débouchés aux époques 1848 et 1856.

Le monnayage, en 1848, représentait les 27 p. 100 de la production totale des métaux précieux, et en 1856 les 38 p. 100 ; cette production totale était de 44 milliards 500 millions en 1848, et de 52 milliards et 700 millions en 1856. Ces coefficients, il faut le remarquer, ne s'appliquent pas à la France, mais à l'ensemble des pays du globe en relations commerciales entre eux. Rappelons, en passant, que le capital monétaire fabriqué en France apparaît en 1856 triple de celui de

l'Angleterre et quadruple de celui des Etats-
Unis, et que le monnayage dans ces trois pays
a été, de 1848 à 1856, de 6 milliards 65 millions (1) ; c'est-à-dire qu'à elles trois, ces nations ont presque absorbé la production totale
de 8 milliards 174 millions de métaux précieux
de cette période.

Ce phénomène s'aggrave, comme on va le
voir, dans la nouvelle période que nous examinons (1857-1871), qui, cependant, excède
de 1 milliard et demi la production de 1848 à
1856, jugée si merveilleuse.

Les exportations représentaient 10 p. 100 en
1848 de la production totale et en 1856, 20 p.
100 ; la consommation des arts et de l'industrie 8 p. 100, en 1856 le double, 16 p. 100 de
la production totale ; la perte 47 p. 100 en
1848 et 26 p. 100 en 1856 de cette même production ; enfin la réserve des banques et des
particuliers, à l'état de lingots, 8 p. 100 en
1848 et 5 p. 100 en 1856.

On peut donner le tableau suivant comme
résumé de ces éléments importants. (Les uni-
tés expriment des millions.)

---

(1) Le monnayage a absorbé, de 1848 à 1856,
pour la France : 2 milliards 800 millions; pour
l'Angleterre, 1 milliard 307 millions; pour les
Etats-Unis, 1 milliard 863 millions. — En tout
6 milliards 60 millions.

TABLEAU A

	1848	1856
Monnayage	12.015	14.712
Exportation..........	4.150	6.081
Consommation indus- trielle et des arts...	3.560	4.867
Perte.......	20.915	23.010
Réserve des banques et des particuliers en lin- gots................	3.560	3.968
Totaux..........	44.500	52.671

Voyons ce que sont devenus ces mêmes éléments dans la période 1857-1871.

Pour le *monnayage* de France, nous avons
donné le montant des sommes d'or et d'argent
frappées depuis 1855, dans un article du
Journal officiel du 22 août 1872.

Le montant de ce monnayage s'élève, pour
la période que nous envisageons, à la somme
de 3 milliards 784 millions 1[2.

Le monnayage anglais, dont nous avons également rendu compte dans le même article du
Journal officiel, s'élève pour la même période
aux sommes suivantes :

De 1857 à 1862 (*The Economist*).	180.000.000
De 1862 à 1871 (*Second annual* *Report of the Deputy master of* *the mint*)................	1.415.000.000
Total.....	1.595.000.000

Le monnayage de l'hôtel de Sidney, en Australie (*Second annual Report*, etc.), de 1857 à 1870, s'est élevé à 595 millions.

Le monnayage des États-Unis, d'après les relevés tirés du *Report of the director of the United States mint*, et celui des autres pays dont l'analyse serait trop longue, s'estime à la somme de au moins six milliards.

Le total général serait donc de 11 milliards 975 millions monnayés durant la période que nous envisageons.

Le chiffre total que fournit pour le monnayage *the Economist* pour la même période est de 600 millions sterling, c'est à dire 15 milliards, chiffre qui dépasserait la production de 5 milliards de francs et notre estimation d'un tiers.

D'après nos données, la consommation d'or et d'argent, pour le monnayage, s'éleverait approximativement à 3 milliards de plus que la production totale de 1857-1871, c'est-à-dire que non-seulement le monnayage a été le débouché presque unique de la production des métaux précieux, ce dont on est généralement d'accord, mais qu'il a dû nécessairement absorber une grande partie des lingots des réserves des périodes précédentes.

Il faut toutefois ne pas oublier de faire l'importante restriction suivante. Une quantité considérable d'espèces provenant des fabrications précédentes retourne à l'état de lingots par la refonte. Celle-ci se produit chaque fois que les circonstances commerciales ou, pour parler plus nettement, la spéculation des matières d'or et d'argent, la rendent avantageuse. Ces lingots quelquefois passent à l'industrie ; mais plus souvent encore ils demeurent à l'état amorphe, indéterminé, flottant, prêts à se lancer là où se produit un vide. L'intelligence toujours en éveil et la sagacité proverbiale des changeurs, des banquiers et des marchands d'or de tous les pays en général, opèrent ces métamorphoses. Il est rare qu'une occasion de lucre possible sur un mouvement de métaux précieux dans un sens donné, ou bien une transformation des lingots en espèces ou réciproquement, passent inaperçues et ne soient pas effectuées souvent par plusieurs maisons à la fois. Ces lingots, sous l'impulsion de ces diverses directions spéculatrices, peuvent donc revenir une et même plusieurs fois sous les balanciers des hôtels de monnaies et par conséquent faire double et même triple emploi dans les calculs ci-dessus.

Plus loin, quand il sera question de la réserve des banques, nous aurons l'occasion, non pas de déterminer exactement ce qui a été en réalité absorbé de la production, pour demeurer à l'état d'espèces monétaires, — calcul impossible à exécuter avec les données que nous possédons, — mais tout au moins de présumer ce que le frappage monétaire général a pu laisser disponible pour les autres débouchés des matières précieuses.

V

Examinons maintenant l'importance du second débouché, celui de l'exportation, non pas en général, mais de l'*exportation définitive*, c'est-à-dire de celle qui produit l'écoulement d'une partie des lingots et des monnaies dans les régions éloignées de l'Asie et de l'Afrique, où ces matières précieuses demeurent, sans plus rentrer dans la circulation européo-américaine.

L'Asie, l'Afrique et la plupart des îles de la Malaisie et de l'Océanie ne participent encore que d'une façon passive et incomplète aux transactions de notre civilisation.

Il se fait bien des échanges, mais surtout de marchandises contre de l'argent, peu de marchandises contre marchandises. Le métal soldeur, qui intervient, va donc s'ensevelir, comme dans des lacs perdus, au fond de ces régions, où la thésaurisation est à son maximum. Ces zones absorbantes constituent comme deux immenses taches dans la carte du monde.

La tache africaine est limitée par la côte occidentale marocaine, depuis Ceuta jusqu'au cap Blanc. Elle longe septentrionalement le Sahara, descend le long du Nil, traverse l'Abyssinie jusqu'au pays des Galla, dessine un contour parallèle à la côte orientale de l'Afrique, en traversant le Zanguebar, le Mozambique, s'étend ensuite en pointe jusqu'au pays des Hottentots, et rejoint le cap Blanc ci-dessus mentionné; traçant une autre ligne parallèle à l'Atlantique, la courbe traverse le Benguela, le Congo, la Guinée et la Sénégambie.

La zone absorbante asiatique envahit le centre de la Turquie, longe l'Hedjaz, remonte le long du golfe Persique jusque près de Bagdad, couvre à peu près la Perse et l'Afganistan, l'Hymalaya, fait une pointe dans le royaume de Siam, borde intérieurement l'Annam, s'étendant sur la Chine tout entière et le Japon, jusqu'au fleuve Amour, longe la Daourie, borne l'Altaï, et vient, en rasant les bords méridionaux du lac Aral et de la mer Caspienne, rejoindre le point de départ turco-asiatique ci-dessus signalé.

Ces contrées absorbantes qui font disparaître les masses métalliques et diminuent d'autant les ressources de la circulation monétaire, sont en ce moment l'objet de nos conquêtes commerciales et politiques. Il est, sinon plus urgent, du moins aussi urgent de conquérir à notre civilisation ces régions, que de ressusciter à la production agricole des landes, des terres marécageuses, des Zuydersée, par exemple.

C'est à notre génération et à celle qui nous suivra immédiatement, que s'impose ce sérieux problème. Déjà des pas de géant se font dans cette voie. Le Japon en tête, les confins de l'Inde anglaise et de la Russie d'Asie, la Chine, le centre de l'Asie, prennent peu à peu part à notre mouvement civilisateur. L'Afrique s'étudie au nord, au centre, au sud, et se laissera insensiblement assimiler par l'élément européen.

Quoi qu'il en soit, l'exportation définitive représente encore aujourd'hui un chiffre considérable, ainsi qu'il résulte des données suivantes, que nous avons pu réunir.

Les quantités que nous consignons ici pour la France sont celles que nous fournissent les statistiques des Douanes. Les documents ne correspondent évidemment qu'à des déclarations qui ne constituent qu'une portion des transports : les sommes exportées par les voyageurs et les capitaines de navires, non déclarées, sont considérables. Depuis que la monnaie d'or tend à se généraliser, les capitaux en espèces sont devenus quinze fois et demie plus facilement transportables que lorsque le numéraire d'argent prédominait. A cette circonstance qui rend les documents douaniers encore moins probants qu'avant cette transformation, il faut en ajouter une autre très-caractéristique : c'est que le métal argent ne prédomine plus dans les exportations des dernières années 1868, 1869, 1870 et 1871.

Comme il ne s'agit ici que des sommes qui prennent le chemin de l'Orient (Indes, Chine, Japon, etc.) et celui de l'Afrique (Egypte, Tunisie, Etats barbaresques, etc), et comme la majeure partie de ces exportations s'est faite jusque dans ces derniers temps en métal d'argent, matière précieuse pour laquelle les Orientaux ont eu longtemps une préférence marquée, les chiffres que nous empruntons à ces documents peuvent être considérés, croyons-nous, faute d'autres, comme offrant un type minimum suffisamment voisin de la vérité.

Le phénomène de migration des matières précieuses dans les Indes, la Chine, etc., a eu plusieurs alternatives. Humboldt, en 1800, estimait à 137 millions annuels cette exportation. En 1830, le mouvement du commerce anglais fortement créditeur, semble devenir inverse; mais depuis 1853, l'écoulement de l'argent a repris de nouvelles proportions, qui ont été en croissant rapidement. La balance commerciale entre les deux mondes était en faveur de l'Orient et en 1856 de 155 millions. La quantité expédiée de l'Europe était calculée, pour la période de 1848 à 1856, à 1,600 millions : 20 p. 100 de la production correspondante. L'argent en constituait les 96 p. 100.

La presque totalité des sommes qui s'écoulent dans les pays orientaux n'est, dans la nouvelle période que nous examinons (1857-1871), contrebalancée ni en Angleterre, ni en France, ni en Russie, ni aux Etats-Unis, par des importations inverses de métaux précieux, de sorte qu'on peut considérer comme sorties définitives les quantités qui passent aux Indes, au Japon, en Chine, etc.

Pour les matières qui vont en Afrique, il y a une restitution tellement insignifiante que l'erreur, commise en négligeant pour certaines régions les sommes importées, sera minime.

Les tableaux publiés par les douanes françaises démontrent que dans la période qui nous occupe, l'exportation a pris les proportions suivantes pour les pays désignés ci-dessous et considérés comme absorbants :

Egypte. Différence entre les exportations et les importations des métaux précieux	422.900
Ile Maurice, Cap, côtes occidentales d'Afrique, etc.	22.200
Algérie	12.900
A Reporter	458.000

	Report	458.000
Ile de la Réunion.......................		602.000
Indes anglaises.........................		127.900
Indes hollandaises (Java)...............		12.600
Chine, Cochinchine, Océanie.............		104.400
Autres pays.............................		421.100
	Total général...	1.726.000

Les années 1870 et 1871 ne sont pas comprises, et on ne peut moins que d'estimer pour chacune d'elles à 1|14 ou à environ 7 p. 100 la quantité correspondante à l'exportation de ces divers divers pays, tout en notant cependant une diminution sensible des exportations générales des métaux précieux, dans les cinq dernières années, en Chine surtout.

C'est donc à une somme de 1 milliard 980 millions qu'il faut estimer l'exportation définitive, officielle, de la France seulement, effectuée à peu près moitié en or, moitié en argent.

L'exportation qu'on peut considérer comme définitive en Angleterre, peut s'estimer de la manière suivante, d'après les données fournie par l'*Economist* :

	liv. st.
Exportation de l'Angleterre dans l'Amérique du Sud..........	8.000.000
Exportation de l'Angleterre dans l'Inde....................	13.000.000
A reporter	21.000.00

Report.   21.000.000

Exportation de l'Australie dans
l'Inde (1)... .... 49.000.000

Total... 70.000.000

constituant 1,750,000,000 de fr. pour l'exportation anglaise.

L'exportation définitive des Etats-Unis et des autres pays, pour lesquels nous manquons de données précises suffisantes, nous paraît devoir être très-faible et négligeable. En effet, si l'on réfléchit : 1° qu'une grande partie des transports ne se fait pas seulement à l'état de lingots, mais aussi en espèces, dont il a déjà été tenu compte dans le monnayage ; 2° qu'il y a une notable portion des monnaies d'argent refondue expressément pour le transport dans les pays orientaux, et que par suite il y a une surestime certaine par suite de ce double fait ; 3° que le mouvement commercial avec les pays est surtout anglo-français (2) ; — il paraît raisonnable de limiter l'absorption des mé-

----

(1) Un grand courant de métaux précieux s'est établi depuis 1857, de l'Australie à Galles, où les capitaux se divisent, les uns dirigés sur l'Europe, les autres sur l'Orient, par les dispositions des banquiers des deux continents.

(2) Il tend maintenant à devenir anglais, américain, français et italien.

taux précieux par les Indes et l'Orient à l'exportation définitive anglo-française, s'élevant à 1 milliard 750 millions pour l'Angleterre et à 1 milliard 960 millions pour la France, soit, en tout, à 3 milliards 710 millions (1).

Le journal *the Economist*, dans une remarquable étude sur la distribution de l'*or*, fixe à 90 millions sterling cette absorption de l'Orient, c'est-à-dire à 2 milliards 250 millions. C'est plus de 1 milliard de moins que le chiffre que nous donnons. Nous nous expliquons cette différence dans les calculs de l'*Economist*, en ce qu'il ne tient pas compte du métal argent exporté ni des exportations françaises, et que ses chiffres n'embrassent que la période de 1858-1871.

Notre but n'est pas d'ailleurs de fixer la vérité absolue : il s'agit de la serrer d'assez près pour que les phénomènes généraux du mouvement des matières précieuses puissent être compris et apparaissent esquissés dans leurs contours principaux.

Le chiffre de 3 milliards 700 millions, que nous assignons à l'exportation définitive, pour la période 1857-1871, représente les 38 p. 100 de la production totale de ladite période, estimée à 9 milliards 718 millions, de sorte que

---

(1) Voir les chiffres à la page 47.

les premiers débouchés examinés jusqu'à présent représentent déjà à eux deux : le monnayage, 123 p. 100; l'exportation définitive, 38 p. 100 de la production totale, soit 161 p. 100. L'excédant a dû, ainsi qu'il a été dit, être pris aux réserves en lingots des banques et des particuliers correspondantes aux périodes antérieures à celle que nous étudions.

VI

Nous sommes arrivés dans les articles précédents à cette conclusion que, durant la période 1857-1871, les quantités de métaux précieux représentées par le monnayage et l'exportation définitive dépassent de 61 p. 100 le chiffre total de la production des mines, cette production étant représentée par 100. Nous rappelons que ce chiffre est de 9 milliards 718 millions, et que l'excédant de 61 p. 100 est dû, en partie, au refrappage des espèces refondues, dont la valeur figure ainsi deux ou plusieurs fois dans les comptes des hôtels des monnaies.

Outre le monnayage et l'exportation définitive, il est un troisième débouché pour les matières précieuses, qui a, comme les deux premiers, acquis plus d'importance depuis l'année 1857 : c'est la *consommation des arts et de l'industrie*.

· Le bureau des garanties des matières d'or et d'argent nous fournit les chiffres suivants, qui représentent cette consommation pour ia France ; car ils donnent le poids des matières soumises annuellement au contrôle ou aux droits de garantie et celui des lingots de tirage soumis aux droits d'argent.

En regard du nombre de kilogrammes nous en indiquons la valeur :

Années.	Or. Kilogrammes	Valeur en millions de francs.
1857	9.069.20	27.20
1858	9.335.40	23. »
1859	9.623.67	28.87
1860	10.474.28	31.42
1861	9.872.70	29.62
1862	10.350.01	31.08
1863	14.137.36	33.41
1864	9.351.60	21.04
1865	9.293.21	20.90
1866	9.434.11	21.22
1867	10.272.88	23.11
1868	10.458.28	22.85
1869	11.823.02	26.60
1870	6.429.86	14.47
1871 (1)	7.000.00	15.75
Total		377.54

(1) Par estimation.

Années.	Argent Kilogrammes	Valeur en millions de francs.
1857......	94.683.06	18.93
1858......	88.880.44	17.77
1859......	89.908.09	17.98
1860......	95.225.73	19.04
1861......	90.513.15	18.40
1862......	90.528.78	18.10
1863......	85.709.78	17.14
1864......	68.432.05 (1)	1.63
1865......	66.278.95	11.26
1866......	68.428.61	11.63
1867......	68.545.28	11.65
1868......	68.518.63	11.65
1869......	73.994.30	12.58
1870......	41.636.14	7.08
1871 (2)...	50.000. »	8.50
Total.......		213.04 (3)

L'ensemble des deux métaux donne donc une valeur de 500 millions, 51.

Plusieurs causes militent en faveur de l'opinion que la consommation française industrielle

---

(1) L'argue de Lyon. le seul établissement de l'Etat où l'on tirât encore des lingots en fils, a été supprimé au 1er janvier 1864.

(2) Par estimation.

(3) Il y a quelques quantités insignifiantes à ajouter de petits bureaux de province.

représente une somme plus grande : 1° les quantités relevées sont cotées aux prix de 2,250 fr. le kilogramme d'or, de 150 fr. le kilogramme d'argent et de 170 fr. le kilogramme d'argent doré, prix en général inférieurs à la réalité ; 2° il est avéré qu'il y a une notable partie des bijoux soustraite à l'obligation du contrôle.

En retour, parmi les matières qui sont contrôlées, une certaine portion inconnue provient de la refonte de matières vieilles et des monnaies. Nous admettons que les trois causes d'erreur se compensent entre elles : ainsi la part du bijou d'or apparaît dans ces tableaux presque double de celle de l'argent, et la moyenne annuelle, consommée par la bijouterie et l'orfèvrerie fine, s'élève à 40 millions de francs.

Les industries qui consomment l'or et l'argent à l'état d'alliages (plaqué, diverses compositions, soudures, etc.) ou à l'état de produits chimiques (photographie, argenture des glaces, etc.) consomment une quantité de métaux précieux qu'il ne nous est pas possible de déterminer exactement. Pour les périodes antérieures à 1857, nous l'avons estimée à 10 p. 100 de la quantité indiquée ci-dessus pour la bijouterie et l'orfèvrerie fine. Si nous faisons de même ici, la consommation de ce chef doit être de 4 millions par an.

Les industries nombreuses de dorure et d'argenture, au trempé, à la pile, au mercure, les batteurs d'or, les fabriques de bijoux en doublé, si répandues à Paris, celles de passementeries en galons, épaulettes, ornements militaires et civils; les manufactures de tissus brochés d'or et d'argent, celles d'ornements d'église, cadres, bois dorés, reliures, bronzes dorés, porcelaines, etc., absorbent des quantités considérables de métaux précieux, et les applications si nombreuses que les procédés à la pile ont vulgarisées et rendues générales n'ont pas peu contribué à étendre considérablement cette dépense.

M. Levasseur, dans son livre : *La Question de l'or*, admettait une consommation annuelle de 36 millions de francs pour l'or et 14 millions pour l'argent, en tout 50 millions, durant la période de 1848 à 1853. En prenant cette moyenne pour la période 1857 à 1871, nous trouvons une somme totale de 750 millions pour la consommation des arts et de l'industrie en France.

Nos renseignements sur l'Angleterre, les Etats-Unis, la Russie, l'Allemagne et les autres pays sont tout à fait incomplets.

L'Economist, toutefois, dans son numéro du

31 août dernier, estime la consommation an
glaise de l'industrie et des arts à 2 millions st.
d'or par an, soit 50 millions de francs. Ce résultat est énorme ; il provoque de la part du
journal en question des réflexions qui tendent
à prouver qu'il n'y a aucune exagération dans
le chiffre, en présence du grand développe-
ment industriel du pays. L'argent, dans le
compte de l'*Economist*, n'est pas compris, et
cependant le bijou d'argent est plus commun
et p'us dans les habitudes anglaises que chez
nous.

Les relevés que nous possédons, antérieurs
à 1857, de la *Goldsmith Company* démontrent
que le bijou d'argent figurait en général pour
huit fois la valeur du bijou d'or. Pour cette
raison, et faisant entrer en ligne de compte ce
fait indubitable, savoir : que l'influence australienne a démodé notablement le bijou d'argent
en faveur de celui d'or, nous pensons qu'il
convient de considérer comme égales les deux
quantités de matières précieuses consommées.
Le chiffre de 100 millions de francs ainsi ob-
tenu paraît devoir être encore, malgré son
importance, un minimum de la consommation
anglaise.

Pour la détermination de la masse métallique consommée par les nations autres que la
France et l'Angleterre, nous userons des types

dont nous nous sommes servi pour la période antérieure à 1857, et dont nous avons justifié les éléments d'après Jacob, Mac Culloch et Humboldt. Nous obtiendrons de cette façon, pour les quinze ans de la période dont il s'agit, les résultats généraux suivants :

France..............	750.000.000 fr.
Angleterre............	1.500.000.000
Suisse, autres pays de l'Europe et Amérique du Nord	500.000.000
Total.....	2.750.000.000 fr.

Soit 20 p. 100 de la production totale des mines pendant la même période.

Conclusion. — En ajoutant ces 20 p. 100 aux 161 p. 100 indiqués au commencement de cet article, nous trouvons que les quantités de métaux précieux qui passent par les trois débouchés : monnayage, exportation définitive et consommation industrielle, constituent 181 p. 100 de la production des mines.

Il nous reste à examiner les quantités qu'absorbent les deux derniers débouchés, savoir : 4° la perte due au frai, à l'usure ou aux causes accidentelles, et 5° les réserves en lingots des banques et des particuliers.

VII

La *perte* moyenne, due au frai et à l'usure des monnaies, est calculée à 1|4 p. 100 par an, par MM. Tooke et Newmark, les célèbres auteurs de *History of Prices*, qui, les premiers, ont traité avec netteté cette question des métaux précieux jusqu'en 1856. Mais comme il faut tenir compte également de la grande déperdition qu'occasionnent les dégradations lentes et le travail même de la dorure, aujourd'hui beaucoup plus répandu que dans les temps passés, ainsi que des accidents et de toutes les autres causes de disparition des matières précieuses que nous avons signalées page 82, nous avons estimé la valeur des métaux précieux absorbés par la perte à environ 1 p. 100 de la production.

En appliquant ce coefficient pour la période 1857-71 que nous considérons, nous obtenons une somme disparue de 97 millions pour les quinze dernières années.

En ajoutant le chiffre de 1 p. 100 à la proportion des métaux précieux absorbés par les trois premiers débouchés, nous trouvons qu'elle s'élève à 182 p. 100 de cette production.

VIII

La *Réserve des lingots, dans les banques et chez les particuliers,* est un chiffre spécialement difficile à déterminer,

En 1848, avant l'affluence californienne, cette réserve était assez aisée à estimer. Elle était approximativement de 8 p. 100 de 14 milliards 1|2, production totale à cette époque, soit 3,560 millions.

Le monnayage en double, qui surcharge la part fixée à ce débouché, était une quantité alors presque insignifiante.

En 1857, la réserve est de 7 p. 100.

Les 52 milliards 671 millions, total général de la production jusqu'en 1857, se décomposaient ainsi :

TABLEAU B

	P. 100	Millions
Monnayage	28	14.712
Exportation définitive	11	6.084
Industrie et arts	10	4.867
Perte	44	23.040
Réserve	7	3.968
Total	100	52.671

Pour la période en étude, les résultats acquis nous donneraient les chiffres suivants :

TABLEAU C

	Total en 1857	Période 1857-1871	Total en 1871
Production.......	52.671	13.086	65.757
Monnayage.......	14.712	11.975	26.687
Exportation définitive..........	6.084	3.700	9.784
Industrie et arts.	4.867	2.750	7.617
Perte...........	23.010	97	23.137
Réserve	3.968		
Totaux . ...,	52.671	18.522	67.225

IX

On voit que le total, dans la troisième colonne (en 1871) des quatre premiers débouchés donne 67,225 millions, c'est-à-dire 1 milliard et 468 millions de plus que la production totale (65,757 millions).

Évidemment, le monnayage est, ainsi que nous l'avons dit, compté pour une somme trop forte. Les quantités qui sont repassées sous les balanciers, d'abord en Australie ou aux États-

Unis, puis en Angleterre, puis en France, en Allemagne et dans les autres pays, sont de beaucoup plus considérables qu'on ne le suppose.

En cherchant à déterminer à quelle somme le frappage en double ou en triple des masses monétaires peut s'élever, nous avons examiné les rapports détaillés des directeurs des monnaies du Royaume-Uni et des Etats-Unis : ils n'indiquent absolument rien. Le *Second annual Report* anglais n'indique qu'un frappage d'argent correspondant aux pièces retirées de la circulation pour cause d'usure : les chiffres s'élèvent pour la période de 1861 à 1871 à la valeur nominale de 1,236,900 liv. st., soit environ 31 millions, somme tout à fait insignifiante, en regard du chiffre de 1 milliard 467 millions de francs trouvé ci-dessus pour l'excédant des débouchés sur la production.

L'*Economist*, également frappé de ce fait, a cherché une solution. Dans son enquête très-remarquable, il établit pour l'Angleterre un stock à peu près moyen et constant de 8 millions de liv. sterling en réserve de lingots et de monnaies étrangères à la Banque d'Angleterre. Il constate que, sur les 60 millions sterling d'or monnayés en Angleterre, depuis 1858 jusqu'en 1851, il n'y a eu d'importation réelle de métaux précieux que 84 millions sterling. Il en conclut que 26 millions ont dû être refondus en Angleterre même.

Appliquant le même raisonnement aux 600 millions sterling d'or, qu'il calcule monnayés par les pays étrangers, depuis 1848, comparativement à une production de seulement 500 millions d'or, il conclut que 100 millions d'or au moins ont dû être refondus.

Enfin, il observe que les besoins de la circulation anglaise ont oscillé, depuis 1861 jusqu'en 1871, entre 4.627 millions et 6.469 millions sterling.

De plus, — coïncidence aussi curieuse que constante — les monnayages extraordinaires des années où le calme de la circulation intérieure n'est nullement troublé, ont lieu précisément quand les exportations sont les plus considérables.

Cette circonstance semble démontrer que ces monnayages extraordinaires ont eu pour objet spécial de satisfaire les besoins de l'exportation.

Toutes ces raisons, fortement déduites et auxquelles nous nous rallions nous-même, conduisent à réduire, à titre de double emploi, dans les comptes, la quantité totale de l'or monnayé d'une somme de 100 millions de livres sterling, soit 2 milliards et demi de francs.

\ ce compte, la quantité d'or monnayé une première fois', la seule dont il faille tenir compte dans nos appréciations, se réduirait de ce fait, de 11,975 à 9,475 millions de francs. Et, comme dans les estimations précédentes, il ne s'agit que de l'or, il faut pour l'argent faire une réduction correspondante dans le rapport des deux chiffres de production de l'or et de l'argent. Ces deux chiffres étant respectivement 9,718 pour l'or et 3,367 millions pour l'argent, la part afférente à l'argent sera de 850 millions, qui est aussi à déduire du monnayage, pour le compte de ce métal.

Le chiffre final du monnayage, après toutes ces réductions pour cause de double emploi, serait donc de 8 milliards 625 millions.

C'est, par conséquent, ce chiffre de monnayage que nous adoptons au lieu de 11,975 millions de francs.

\

Nous devrions obtenir la réserve en lingots des banques et des particuliers, en prenant la différence entre la production, qui est de 13,086 millions, et la somme des quatre premiers débouchés, qui s'élève avec ces rectifications à 15,172 millions; mais nous ne trouvons encore qu'une quantité négative, puisque ces quatre débouchés, malgré la réduction que nous avons indiquée sur le monnayage, sont encore supérieurs de 2 milliards 86 millions de francs à la production.

Or, que signifie ce résultat?

Pour nous, qui partons de ce principe évident qu'il doit y avoir égalité, *pour une même période de temps, entre les quantités extraites des mines et la somme de tous les débouchés,* ce résultat, négatif sur la réserve, signifie que la production de la période de 1857 à 1871 n'a rien fourni à cette réserve ; qu'au contraire, ce résultat, marquant 2 milliards 86 millions d'excédant des débouchés sur la production de la même période, prouve qu'on a dû les prendre sur la réserve antérieure à cette période.

Or ce n'est qu'à l'industrie et à l'exportation définitive que ces 2 milliards 86 millions ont dû s'appliquer, puisque le chiffre de monnayage a été rectifié et que le chiffre de la perte est une moyenne à peu près invariable.

VI

Nous conclurons, pour établir la situation d'ensemble en l'année 1871, résultant des périodes antérieures et postérieures à 1857, en y faisant entrer en ligne de compte toutes les quantités déterminées et rectifiées dans les articles précédents, pour la production et pour les débouchés des métaux précieux, et nous pourrons de la sorte établir le tableau suivant :

TABLEAU D

	Période 1857-1871.	Totaux en 1871.	Proportion en 1871.
	Millions.	Millions.	p. 100
Production...	13.086	65.757	100 »
Débouchés :	—	—	—
1. Monnayage.	8.625	23.337	35.48
2. Exportation définitive...	3.700	9.784	14.88
3. Industrie et arts.........	2.750	7.617	11.59
4. Perte......	97	23.137	35.18
5. Réserve...	»	1.882	2.87

Ce tableau s'obtient : en prenant la première colonne du tableau C et y ajoutant, non plus les chiffres de la seconde colonne du tableau C, mais ces chiffres après rectification des paragraphes IX et X pour le monnayage et de la seconde colonne du tableau de la réserve. Le monnayage de 11,975 millions descend à 8,625 millions dans la première colonne du tableau D, et le chiffre de la réserve 3,968 millions de la première colonne du tableau C, descend dans la seconde colonne du tableau D, à 1,882 millions.

Nous trouvons donc de cette façon une réserve actuelle en lingots, chez les banquiers et les particuliers, de 1 milliards 882 millions.

Elle était, en 1857, de 3 milliards 968 millions. De 7 p. 100, elle est donc descendue à 2,87 p. 100.

XII

Conclusion. — Les nouvelles proportions, dans lesquelles les cinq débouchés se répartissent en 1871, accusent les variations caractéristiques suivantes :

Le monnayage constitue aujourd'hui non plus les 28, mais les 35 1/2 p. 100 de la production totale d'or et d'argent.

L'exportation définitive, auparavant des 11 p. 100 de cette production totale, en 'absorbe près des 15 p. 100.

La consommation des arts et de l'industrie s'est élevée à 11 1/2 environ.

La perte, qui était de 44 p. 100 (tableau B, page 101), n'est plus que de 35 p. 100 en 1871 ; elle égale en importance la somme absorbée par le monnayage.

Enfin, la réserve des lingots, de 7 p 100 en 1857, est descendue à moins de 3 p. 100 de la production totale en 1871.

L'exportation définitive et la perte définitive réunies constituent d'ailleurs 50,06 p. 100.

Ainsi, dans les conditions actuelles de la production et du trafic avec les pays absorbants, la moitié des matières premières extraites disparaît, et *le monde civilisé européo-américain ne jouit en réalité que de la moitié de l'or et de l'argent extraits des mines.*

C. RŒSWAG.

CONFÉRENCE MONÉTAIRE

L'*Économiste français* a publié les renseignements qui suivent sur les travaux de la conférence monétaire :

La conférence tient des séances qui sont laborieuses et pleines de vicissitudes. La question de l'étalon unique d'or a été écartée, et l'on ne s'occupe que de la limitation à apporter à la frappe des pièces de 5 francs. Sur ce point, il semblait, la semaine dernière, que l'accord fût complet : puis tout s'est brouillé dans la séance de mercredi dernier.

Les délégués de la Belgique, de la Suisse et de l'Italie, marchent ensemble. Les quatre délégués français sont souvent divisés d'opinion, mais celui d'entre eux qui représente plus particulièrement le ministère des finances, M. Dutilleul, a pris, dans la séance de mercredi, une attitude décidée qui semblerait indiquer un parti pris de rompre purement et simplement la convention de 1865.

Voici les renseignements les plus sûrs

concernant l'importante séance de mercredi dernier:

Il s'agissait de voter définitivement la limitation suivante des frappes des écus ou pièces de 5 francs pour l'année 1874:

France, 50; Italie, 30; Belgique, 9; Suisse, 5 millions.

Total, 94 millions de francs, sur lesquels les bons de monnaies antérieurement délivrés doivent être imputés, savoir:

France, 35; Italie, 9; Belgique, 6 millions.

Cette limitation, considérée comme très-large par plusieurs délégués, avait été rendue nécessaire dans cette mesure par l'existence des bons de monnaie.

A cause de cette dernière circonstance, elle aurait été acceptée sans difficulté.

Mais il y avait de plus la situation spéciale de l'Italie, en présence d'un refus récent de la Banque de France de recevoir les écus italiens. L'Italie avait demandé l'introduction du cours légal, en France et en Belgique, des grosses monnaies des autres États adhérant à la convention.

Pour comprendre cette demande, il faut savoir:

1º Que ce cours légal existe en Suisse et en Italie;

2º Qu'il avait été demandé déjà, lors de la conclusion de la convention, en 1865, et qu'à cette époque, on avait officiellement répondu qu'une loi à cet égard était impossible à rendre, mais que l'acceptation de ces monnaies par les caisses publiques entraînerait nécessairement celle de la Banque de France.

Il y a huit jours, les délégués français avaient opposé à la demande italienne la contre-proposition : que le gouvernement français s'engagerait à faire accepter par la Banque de France toutes les monnaies conventionnelles non françaises. C'est sur cette base qu'on traitait.

Dans la séance de mercredi, cette contre-proposition, sur la base de laquelle on traitait depuis huit jours, a été retirée, au nom de M. Magne, par les délégués français, dans les termes les plus péremptoires, et toutes les instances des autres délégués de faire une nouvelle démarche auprès du ministre ont été refusées.

On est donc en présence : d'une part, d'une contradiction entre les déclarations successives des délégués français et d'une déclaration explicite du ministre, qui elle-même est en opposition avec les procès-verbaux de 1865, et les assurances qui ont été données à cette époque ; en opposition formelle surtout avec les idées générales de la convention et avec la facilité des échanges commerciaux qu'elle devait créer.

Cette manifestation d'une étroite bureaucratie a profondément ému les délégués étrangers, et cela d'autant plus que le langage des délégués français, pendant les premières séances, avait autorisé de meilleures espérances.

À cette difficulté, vient s'en ajouter une autre. En dehors des 30 millions qui lui étaient attribués, l'Italie avait déclaré que la Banque nationale avait, conformément à ses contrats avec l'État, le droit de faire monnayer les lingots d'argent qu'elle posséderait au 31 décembre, pendant le semestre suivant : que le total de ces lingots était actuellement de 60 millions. On était convenu qu'on permettrait à l'Italie le monnayage de la *moitié* de cette somme en 1874, mais que le gouvernement s'engagerait à garantir la non-mise en circulation. Cette base avait encore été acceptée.

Mercredi, les délégués français sont encore revenus sur leur première proposition à cet égard, et ont déclaré qu'ils ne pouvaient admettre que le monnayage du *tiers* de cette somme en 1874.

On attend la réponse de M. Minghetti à cette évolution inattendue des délégués français, dans les deux questions soulevées par l'Italie et qui étaient déjà considérées comme résolues.

Il est bon de savoir que les frappes des écus de 5 francs en 1870 ont été de : France, 154 ; Belgique, 111, et l'Italie, 42 millions de francs, et que c'est à tort, par conséquent, qu'on s'est plaint des émissions de ce dernier pays.

Les journaux ont, depuis, fait connaître les solutions définitives de la conférence sur la limitation du monnayage dans les pays de l'Union latine.

PARIS — IMP. DUBUISSON ET C, RUE COQ-HÉRON, 9 — 1865